轻松阅读·外国史丛书

轻松阅读·外国史丛书

顾问

齐世荣

编委会主任

钱乘旦　王明舟　张黎明

编委会

陈志强　董正华　高　毅　郭小凌

哈全安　侯建新　黄　洋　李安山

李剑鸣　刘北成　彭小瑜　王新生

吴宇虹　向　荣　徐　蓝　杨书澜

（按姓氏拼音排序）

本书责任编委

侯建新

IRON
AND BLOOD
ROMANCE

# 铁血浪漫

## 中世纪骑士

倪世光 ——— 著

图书在版编目（CIP）数据

铁血浪漫：中世纪骑士 / 倪世光著 . —2 版—北京：北京大学出版社，2021.6
（轻松阅读·外国史丛书）
ISBN 978-7-301-32075-4

Ⅰ．①铁… Ⅱ．①倪… Ⅲ．①骑士 ( 欧洲中世纪 ) – 历史 Ⅳ．① D59

中国版本图书馆 CIP 数据核字 (2021) 第 049631 号

| | |
|---|---|
| 书　　　　名 | 铁血浪漫：中世纪骑士<br>TIEXUE LANGMAN：ZHONGSHIJI QISHI |
| 著作责任者 | 倪世光　著 |
| 丛 书 策 划 | 杨书澜 |
| 丛 书 统 筹 | 闵艳芸 |
| 责 任 编 辑 | 闵艳芸 |
| 标 准 书 号 | ISBN 978-7-301-32075-4 |
| 出 版 发 行 | 北京大学出版社 |
| 地　　　　址 | 北京市海淀区成府路 205 号　100871 |
| 网　　　　址 | http://www.pup.cn　新浪微博：@北京大学出版社 |
| 电 子 信 箱 | minyanyun@163.com |
| 电　　　　话 | 邮购部 010-62752015　发行部 010-62750672　编辑部 010-62752824 |
| 印 　刷　 者 | 北京九天鸿程印刷有限责任公司 |
| 经 　销　 者 | 新华书店 |
| | 880 毫米×1230 毫米　A5　12.25 印张　306 千字<br>2021 年 6 月第 1 版　2021 年 6 月第 1 次印刷 |
| 定　　　　价 | 79.00 元 |

未经许可，不得以任何方式复制或抄袭本书之部分或全部内容。
**版权所有，侵权必究**
举报电话：010-62752024　电子信箱：fd@pup.pku.edu.cn
图书如有印装质量问题，请与出版部联系，电话：010-62756370

# 总序

钱乘旦

世界历史在今天的中国占据什么位置？这是个值得深思的问题。从理论上说，中国属于世界，中国历史也是世界历史的一部分；中国要了解世界，也应该了解世界的历史。改革开放三十年的今天，在"全球化"的背景下，世界对中国更显得重要。世界历史对中国人来说，是他们了解和理解世界的一扇窗，也是他们走向世界的一个指路牌。然而在现实中，世界历史并没有起这样的作用，中国人对世界的了解还不够，对世界历史的了解更加贫乏，这已经影响到改革开放、影响到中国发挥世界性的作用了。其中的原因当然很多，但不重视历史，尤其是不重视世界史，不能不说是一个重要原因。改革开放后，中国在许多方面取得进步，但在重视历史这一点上，却是退步了。中国本来有极好的历史传统，中国文化也可以说是一种历史文化，历史在中国话语中具有举足轻重的地位。然而在这几十年里，历史却突然受到冷落，被很多人淡忘了，其中世界史尤其受到冷落，当人们知道一个人以世界史为专业方向时，其惊讶的程度，就仿佛他来自一千年以前的天外星球！

不过这两年情况又有变化，人们重新发现了历史。人们发现历史并不是百无聊赖中可以拿出来偶尔打发一下时间的调味剂，也不是傻头傻脑的书呆子找错门路自讨苦吃坐上去的冷板凳。人们意识到：历史是记忆，是智慧，是训诫，是指引；历史指引国家，也指引个人。人们意识到：历史其实是现实的老师，昨天其实是今天的镜子。有历史素养的人，比他的同行更富有理解力，也更具备处理问题的创造性。以历史为借鉴的国家，也会比其他国家走得更稳，发展得更好。

然而在当今时代，历史借鉴远超出了本国的历史，因为中国已经是世界的中国。中国人必须面对这个现实：在他们眼前是一个世界。世界的概念在中国人的脑子里一向不强，而世界历史在中国人的记忆中则更加淡薄。但这种情况不能再继续下去了：时代已经把我们推进了世界，我们如何能不融进世界历史的记忆中？所以，加强对国人的世界史教育，已经是不可回避的责任，这是一个时代的话题。在许多国家，包括我们的近邻，世界历史的教育已经超过了本国历史的教育，外国历史课程占百分之六十甚至更多，本国历史课程只占百分之四十甚至更少。外国史教育是现代公民的基本素质教育，中国的公民也应该是世界的公民。

遗憾的是，目前的学校教育离这个要求还很远，所以我们有必要在社会大众中普及世界历史知识。我们编写这套书，就是希望它为更多的人打开一扇窗，让他们看到更多的世界，从而了解更多的世界。我们希望这套书是生动的，可读的，真实地讲述世界的历史，让读者思索人类的足迹；我们希望这套书是清新的，震撼的，指点人间的正义与邪恶，让读者体验历史的力量。

大约半个世纪前，商务印书馆曾推出过一套"外国历史小丛书"，其中每一本篇幅都很小，一般是两三万字。那套书曾经有过很大的影响,至今还会有很多人说:那是他们世界史知识的来源。"文化大革命"中,"小丛书"受到无端的批判,许多作者受株连,主编吴晗则因为更复杂的原因而遭遇不测。但这套书没有被人忘记,"文化大革命"结束后,吴晗被平反,"小丛书"又继续出版,人们仍旧如饥似渴地阅读它,直至它出版近五百种之多。

又是三十年过去了,时至今日,时代发展了,知识也发展了,"外国历史小丛书"的时代使命已经完成,它不再能满足今天读者的需要。今天,人们需要更多的世界历史知识和更多的世界历史思考,"小丛书"终究小了一点,而且有一点陈旧。我们编辑这一套"轻松阅读·外国史丛书"是希望它能继承"外国历史小丛书"的思想精髓,把传播世界历史知识的工作继续向前推进。

2008 年 12 月于北京

# 目录

前言　*1*

**第一章　亮相**　*7*
　　骑士出现于何时？　*9*
　　好战的日耳曼人——骑士的祖先　*14*
　　中国马镫与西方骑士　*22*
　　骑士是谁？　*30*

**第二章　锤炼**　*37*
　　军训　*39*
　　教育　*47*

**第三章　册封**　*59*
　　成为骑士的资格　*61*
　　授剑仪式　*65*
　　"神的赐福"——教会的干预　*70*

**第四章　装备**　*75*
　　战马、猎狗和猎鹰　*77*

　　　　长矛和剑　*81*
　　　　盔甲和盾牌　*86*
　　　　昂贵的装备　*96*

第五章　**比武大赛**　*103*
　　　　比武大赛的历史演变　*105*
　　　　比武大赛的程序　*108*
　　　　骑士为何热衷于比武大赛？　*116*

第六章　**征战**　*125*
　　　　军事组织　*127*
　　　　行军　*130*
　　　　战斗　*133*
　　　　攻城　*140*
　　　　十字军东征　*148*

第七章　**骑士团**　*157*
　　　　医院骑士团　*159*
　　　　圣殿骑士团　*164*
　　　　条顿骑士团　*168*

第八章　**城堡**　*173*
　　　　城堡的历史沿革　*175*
　　　　城堡的军事设施　*179*
　　　　城堡的主体构造　*185*

## 第九章 情趣 *191*

  骑士的日常生活 *193*
  狩猎 *198*
  驯鹰 *202*
  宴饮 *208*

## 第十章 婚姻 *215*

  中世纪的婚姻观念 *217*
  理想的新娘形象 *220*
  婚礼仪式 *226*
  贵妇人 *230*

## 第十一章 爱情 *249*

  抒情诗 *251*
  新的爱情观 *255*
  新观念的力量 *269*

## 第十二章 传奇 *279*

  《罗兰之歌》 *281*
  亚瑟王传奇 *286*
  第一圆桌骑士的爱情故事 *297*
  特瑞斯坦与伊萨特的生死恋 *300*

## 第十三章 骑士精神 *305*

  骑士精神的内涵 *307*

信仰虔诚　　*313*
　　勇敢　　*319*
　　忠诚　　*325*
　　骑士行为准则：骑士精神的外化　　*329*

**第十四章　衰亡　***335*

　　政治上的失势　　*337*
　　军事上的失利　　*340*
　　作风颓废　　*351*

**结语　***359*

　　骑士制度的历史意义　　*359*
　　以骑士制度反观我们的文化　　*368*

**参考文献　***377*
**出版后记　***379*

# 前言

每个人都有知识的盲点,但是,当你今天打开这本书,发现其中有许多内容还不甚了解时,别再原谅自己放过对这方面知识的汲取!近170年来,尽管我们在不断地学习和了解西方,并从中获得了巨大收益,但是,坦诚地说,我们对西方的了解还很不够,对西方社会和文化中的许多现象仍停留在"知其然,不知其所以然"的阶段,甚至,有些常识性的东西,我们还只是一知半解。

以往,我们更多是运用西方人的世界观来了解西方,这极易造成一种认识上的缺欠,即西方人已经熟视无睹的东西,往往成为我们认识的空白;西方人司空见惯的知识,常常被我们所忽视。其实,被我们所忽视的那些知识和现象,有可能正是我们进一步解读西方文化内涵和奥秘的有效途径。

在西方,骑士的一些故事几乎妇孺皆知,关于骑士的研究也已成为相对陈旧的领域,因而,骑士问题引不起当今西方学者的广泛兴趣属常理,这对他们似乎无关紧要,但对我们来说,就大不相同了,它会妨碍我们对西方社会许多文化现象的深入了解和正确认识。你一定知道当今国际社会流行的"圆桌会议",但你不一定知道"圆桌"与骑士精神的关系,以及亚瑟王圆桌骑士们的英雄事迹;你一定知道西方"女士优先"的习俗,但你不一定知道这种现象与中世纪骑士爱情观念的联系;你或许能意识到西方人比我们崇尚武力、乐于冒险,但你不一定把这种现象与骑士制度所造成的传统风气连在一起思考;你知道马术、剑术等现代体育项目,但你不见得知道西方人在此类运动中的贵族感受;说不定你还一直把近代以来的"绅士风度"完全归功于资产阶级,而忽视了它所承续的是"骑士精神"……当然,这本书并不是考证和追溯西方现代社会现象与中世纪骑士及其制度的渊源关系,而只是想尽量单纯介绍中世纪骑士的相关历史知识和文化,不过,通过这本书,你会对西方当今社会的许多现象有新的历史性认识。骑士不仅对中世纪,而且对西方的近现代社会及其文化都产生了重大影响。

骑士是西方中世纪社会综合条件下的产物,他们的出现主要是军事发展的需要,当时军事发展的方向是重装骑兵。在公元8世纪前半叶,当马镫这个在中国历史上并不起眼的设备传到西方后,引发了具有划时代意义的军事变革,步兵在战场上的绝对优势,逐渐被骑兵所取代。为了建立能冲毁步兵阵营的重装骑兵军队及重建国家政治秩序,他们采取了采邑分封制度,其形式有点类似我国西周的分封诸侯,结果也造成了国家政治上的分裂,庞大的查理帝国瓦解。然而,我们的祖先较为"早熟",经过春秋战国的分裂,弃封建立郡县,为后来延绵不已的大一统帝国建立了基础,而西方人的祖先则显得"幼稚",我们祖先废弃了近千年的治理套路被他们用上了,结果使西欧封建分裂局面在较晚的起点得以长期延续。骑士制度鼎盛之际,也正是封建君主权力衰弱之时,而且,各国间的分裂格局也基本固定。后来,西方有气魄的君主和政治家们不是没有抱负，不想重整河山，恢复"神圣罗马帝国"的版图，只是苦于条件不许可，愿望难以实现。直至今日，西方的"一统"仍是无法实现的梦，究其历史根源，与中世纪长期存在的骑士制度不无关系。

骑士制度鼎盛期差不多正是我国的两宋时代，当我们为宋朝的军事无能而痛心惋惜，也为其文学修养赞叹不已之时，西方世俗统治阶层的"社会脊梁"们在干什么？他们正忙着打仗，长达两个世纪之久的十字军东征一直是他们主动出击，打别人，侵略别人。以骑士为主的西方军人们一次次"折腾"，似乎有无穷的动力，只打异教徒还觉得不过瘾，竟厚颜无耻地顺路攻占了同是信奉基督教的拜占庭。他们热衷于战争，战争令他们兴奋和疯狂。骑士的这种劲头带动了西方社会重视军人、崇尚武力的风气，并且，这种风气影响到后来，十字军东征只是西方进行全球战争和掠夺的前奏。

除了打仗，这时的骑士也喜欢诗歌，但只是少数人写，写完了还伴着乐器扯开嗓子唱。大多数骑士文化程度都不高，但是喜欢听。骑士写诗不用高深的拉丁文，而是用通俗的方言土语，内容也不因循传统清规戒律，还由着性子大唱对贵妇人的爱情。西方骑士的这些做法，如果被我们宋代的文人士大夫们看到，不是笑掉大牙就是气歪鼻子。然而，骑士的诗歌和爱情观念对西方社会文明进步所起的积极作用是无可否认的。在爱情的驱使下，骑士对贵妇人的谦卑态度引发了西方后来社会对女性的尊重，而西方尊重女性的风尚又引领全世界的男人改变对女性的态度。占人类半数左右的女性地位如何，是文明进步的重要标志。

骑士的爱情观念还充满着人本思想，追求爱情、尊重女性是人本思想的具体体现，而且，这种人本思想直接影响到文艺复兴运动，是文艺复兴人文主义的重要组成部分。这一点，我们从但丁和彼特

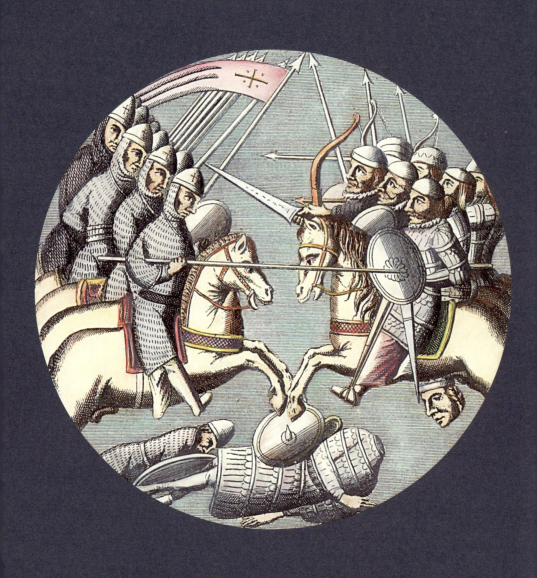

拉克等人对骑士爱情诗的赞赏和弘扬中可得到证明。我们以前曾一味把文艺复兴人文主义简单地归功于资产阶级,忽略了它与中世纪的联系,因而也就很难看到贵族骑士在这方面所起的作用。

到19世纪,骑士精神在西方确实"火"了一把,与社会道德标准重塑之风的兴起相伴随,骑士精神成为当时思想家们重新规范社会道德标准的依据;骑士的故事成为文学家创作的题材;人们以拥有中世纪传下来的骑士盔甲和武器为骄傲;社会上层人士以自己身穿骑士铠甲的画像为荣耀;中小学校依照骑士行为准则组建起"童子军"……直到今天,我们仍能从一些西方人身上看到骑士的影子。

撑起西方文化精气神儿的支柱之一,是所谓"贵族意识",西方贵族意识的传统及其特征在很大程度是依托骑士制度得以强化和凝固的。在骑士制度存在近九百年的历史中,贵族等级制度与骑士军事组织结为一体,军人的价值标准成为衡量等级高低的尺度,军事义务和能力体现着贵族最重要的社会价值,因此,骑士的行为准则,如信仰、勇敢、忠诚、正直、维护正义、保护弱者、尊重女性、彬彬有礼、慷慨等,既带有军人职业特征又构成西方贵族意识的重要内容。

骑士留给西方的并不都是成就和光彩,受尚武精神鼓舞所导致的频繁战争和两次世界大战,让西方和整个世界吃尽了苦头,这也是西方学术界在"二战"后反思骑士制度并大力揭示其弊端的原因。同样,了解骑士现象,不仅能帮助我们深入认识西方社会,还能为我们反思自己的历史和文化提供参照,从而增强我们的智慧,增强我们的进取能力。

# I

第一章

亮　相

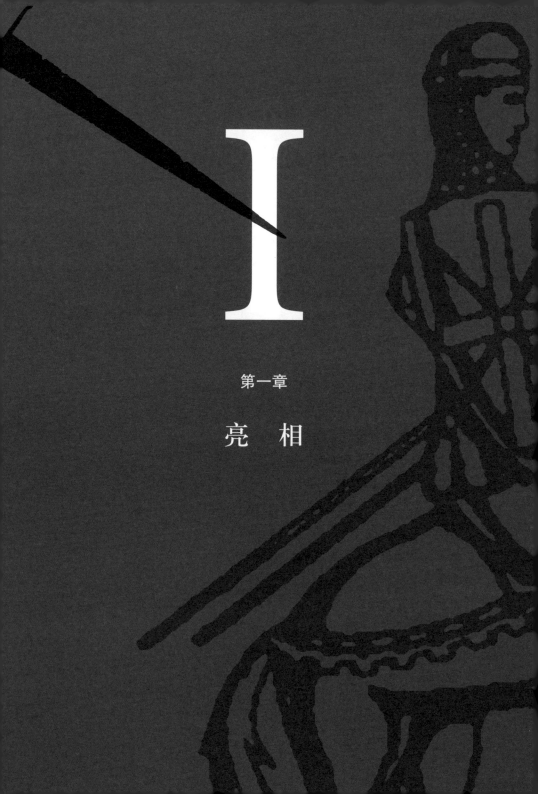

今天，我们在此要讲述的"骑士"是专门指西方中世纪社会中的那部分人，西方人用专门的词称呼他们，通常，英国人用 knight，法国人用 chevalier，德国人用 ritter，意大利人用 cavaliere，西班牙人用 caballero，而我们把西方的这些词汇通译为"骑士"。今天，我们玩的骑士电子打斗游戏、看的西方骑士题材的影视大片、观赏的博物馆中骑士文化展览、读的骑士浪漫文学作品，也许都使我们对骑士有些感性的认识；然而，到底什么人可以称之为骑士？骑士是怎么出现的？他们何时登上历史舞台？这些也许不是大片和电子游戏负责解答的，却是学术界一直在认真研究探讨的问题，因为，只有把这几点弄清楚了，我们才可以真正进入和触摸这一段历史，感受骑士在历史上真实的存在。

**骑士出现于何时?**

关于骑士出现的时间,学术界大体有四种认识:第一种观点认为,骑士出现于公元4世纪,主要理由是,日耳曼人的骑兵已经能够打败罗马步兵军团;第二种观点认为,骑士出现于公元8世纪前半叶,主要理由是马镫的传入使骑兵的军事作战能力发生根本性变化;第三种观点认为,骑士出现于公元9—10世纪,此时关于骑士的记载较为明显;第四种观点认为,骑士出现于公元11世纪末期左右,主要依据是,此时"典型"骑士出现,并且骑士制度已经完备。

对同一个问题的回答,时间跨度如此之大,令人难以理解。不过,仔细分析各家观点后,我们会认识到,在考察这一问题时所把握的标准至关重要,也就是用什么标准来界定骑士,很大程度上决定着对这个问题的判断。这其中能采用的界定标准很多,但能否弄清楚西方军事史上的骑士与骑兵之间的本质区别,是解决这一问题的关键,也可谓一个重要的判定标准。骑士一定是骑马作战的军人,这是他重要的身份特征之一,然而,在西欧的军事史中,骑士出现之前早就有了骑马作战的战士,那么,能够辨别出大约什么时期出现了与传统骑兵不同的骑马作战的军队就显得尤为重要。在做这样的辨别时,一方面要考虑欧洲军事史上什么时候出现了骑兵作战技能的根本性变化；另一方面也要考察这种作战技能的变化是否与后来公认的典型骑士的作战技能有一脉相承的联系。

纵观西方古代军事发展史，骑兵在战场上作战能力和地位的变化，有一个突破性的转变过程——骑兵从最初的辅助、配合的角色变成战斗力强大并能左右战争局面的主力部队。这种军事转变大体出现在公元8世纪前半叶，马镫的传入极大地提高了骑兵的作战能力，法兰克国家的统治者查理·马特为了加强新型的骑士军队建设，大刀阔斧进行军事采邑改革，尽管当初这类军队的数量并不很多，但经过不断的发展，到9世纪初，这类军队已成为法兰克国家最具战斗力的军队，加洛林帝国的建立、疆土的开拓在很大程度上得益于这支军队，而这支军队与12世纪公认的典型骑士无论在武器装备还是在身份特征方面有着实质性的联系。

骑士在公元8世纪上半叶出现后，一直存在到公元17世纪初期左右。关于骑士的消亡时间，学术界也没形成一致意见，各家分别能从14世纪、15世纪、16世纪找到骑士消亡的现象和理由，但从综合和整体现象考虑，把17世纪初期左右

罗马辅助部队骑兵墓碑浮雕。约1世纪下半叶，科隆罗马—日耳曼博物馆藏

行军中的加洛林骑士。盔甲和长矛等装备构成重装骑兵的基本要素。9世纪手稿画

定为骑士消亡的时间,有较充分的依据。首先,在战场上,骑士已彻底失去了主导地位,骑士在军事上的威风已经一去不复返;其次,骑士赖以存在的封建经济基础已经瓦解,商品经济的发展摧毁了支撑骑士生存的采邑制度,并且为新型雇佣军制度提供了便利的经济依托;再次,封建政治制度已处于崩溃边缘,与封建政治融为一体的骑士制度自然也已经气息奄奄;最后,人文主义思想、新教精神对骑士从思想观念方面展开了辛辣的讽刺和批判,骑士此时已成为令人耻笑的陈旧、腐朽的形象。

从公元8世纪上半叶到公元17世纪初期左右,骑士大体存在了近九百年。在人类历史发展中,各个国家和地区都有自己的军队,但是在构成成分、作战方式、内部规则、思想观念等方面得以如此长久保持一致的军队,并不多见。在这段时间里,骑士随西欧封建

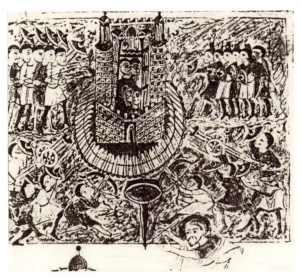

此图表现了欧洲10世纪的混乱局面。中间为中世纪早期的城堡，外围木栅栏，四周为进攻者。11世纪手稿画

社会的演进得以产生、壮大、发展和消亡，同时，也对社会产生了各种影响，他们使西欧封建社会独具风格，增添了几许勇武、忠诚、慷慨、侠义、正直和浪漫的色彩，骑士制度由此被人誉为"中世纪之花"。

骑士近900年左右的历史大体可分为三个阶段。

第一阶段：从公元8世纪前半叶到11世纪末期。这是骑士军队产生和不断壮大的阶段，也是骑士制度产生和逐渐发展的时期。在这一时期，骑士的数量不断增多，以采邑分封为基础建立起来的等级组织关系逐渐完善，骑士的作战技能日益娴熟并规范化，他们在战争中的主导地位得以确立。

第二阶段：从11世纪末期到14世纪初期。这是骑士制度发展、

身穿锁子甲的诺曼骑兵。《贝叶挂毯》(局部),11世纪

完善时期。在这一时期,骑士集团内部的组织成分和相互关系随着商品经济的冲击变得更为复杂;骑士的行为准则得到确立和完善;十字军东征运动不仅使骑士在整个西欧社会中的声誉提高,也使骑士内部形成许多具有全欧洲性的统一观念和行为标准;各路骑士团的出现是世俗骑士集团与教会相结合的集中体现;此时的骑士形成了表现自己思想和情感的文化方式。

第三阶段:从14世纪初到17世纪初期左右。这是骑士制度走向衰亡并逐渐退出历史舞台的阶段。资本主义的萌芽、商品经济的蓬勃发展有力地冲击着社会生活的各个方面,封建社会走向没落。与社会形势相适应,骑士制度逐步瓦解,走向消亡。商品货币经济的发展,使君主们能够用手中货币招募雇佣军,骑士们在战场上已经显得老旧笨拙，他们已无法抵御强劲的长弓密集怒射，更无法承受枪、炮的攻击。在战场上的失意，使许多骑士的活动逐渐转变为举行节日庆典时的点缀，在热闹和华丽的外表下，骑士已失去了往日的辉煌，走向了消亡。

## 好战的日耳曼人——骑士的祖先

要了解骑士就必须先了解古代日耳曼人，日耳曼军人是后来骑士的祖先，他们的许多习惯影响到中世纪的骑士制度。

早在公元前5世纪，日耳曼人就已经居住在欧洲北部，即斯堪的纳维亚半岛南部、日德兰半岛（今丹麦和德国北部地区）、波罗的海和北海南岸等较为广阔的地区，由于经济和文化落后，他们被希腊和罗马人称为"蛮族"。

到公元前1世纪时，日耳曼人从当初的游牧、渔猎生活方式转为定居，经营着粗放的农业。到公元1世纪，日耳曼人的农业经济有了明显进步，但狩猎和畜牧仍是经济生活中重要组成部分，而且社会中已经出现了穷人和富人的贫富分化。关于日耳曼人的人种特征、社会状况、风俗习惯等情况，古罗马一位著名的历史学家塔西佗大约在公元98年写成的一本书《日耳曼尼亚志》，为我们今天了解日耳曼人早期社会生活状况提供了较为可靠的资料。

塔西佗认为，日耳曼人在当时是一支未曾与异族通婚，保持着自己纯净血统的种族，尽管他们人数众多，但在体格和外貌特征方面大体一致，与其他民族有着明显区别：他们都有着凶狠的蓝眼睛、金黄色的头发、高大的身躯，性情极易冲动、勇猛好斗。他们没有耐心，也不愿意忍受那种辛勤的劳作，由于气候和经济条件的原因，

日耳曼蛮族战士,手持剑、矛、战斧。汪达尔时代青铜头盔局部,7世纪。Michael Foss《骑士制度》插图

他们对寒冷和饥饿能安然对待,却不习惯炎热。这些金发碧眼、身材高大、体力充沛的"北欧人",与同是居住在欧洲的希腊人和罗马人有许多不同的社会风俗和生活习惯。

日耳曼人是极为好战的民族,全体成年男子几乎都是战士,当一个青年人长到能够使用兵器的年龄,要举行专门的部族大会,由一位部族首领或本人的父亲或亲属中德高望重者授予这个年轻人一面盾牌和一支矛。此仪式对这个年轻人非常重要:一是表明他已经成年,长成一个真正的男人了;二是证明他已经具备了参加战斗的资格。参加战斗是男人的一种社会权利。

公元1世纪,日耳曼人的主要作战力量是步兵,但有一些人喜欢骑马作战。由于铁的缺乏,他们当时的武器装备比较简单,主要武器是轻便的短剑和便于投掷的标枪。骑兵的主要装备是一支短标枪和一面盾牌。日耳曼人不太讲究衣着装饰,作战时常裸着上身,或穿上一件轻便的外衣,盾牌上也很少绘制各种图案,只是涂上个

后世艺术家所描绘的日耳曼蛮族战士形象（Philipp Clüver, *Germania Antique*, 1616)

罗马图拉真纪功柱浮雕上的日耳曼人形象。113 年

人喜欢的颜色。他们的骑兵不像罗马骑兵那样善于奔驰，作战技能也较简单，只知道催马向前或向右拐个直弯作战，不过队伍排列得非常紧密，在冲击和转弯时不会有人掉队。日耳曼人的步兵军队强于骑兵，骑兵通常是配合步兵作战。在战场上，身体强健、身手敏捷、武功高强者排在步兵阵营的前排，阵型呈楔形。战场上与敌人交锋时的战术也较为特殊，他们先退却一下，然后进攻，以取得更有力的攻势。

日耳曼人在战斗中勇敢顽强，因为战场上的表现直接关系到他们的荣誉、尊严和地位。军事首领，由推举产生，主要依据武力和战功，武功高强、战功显赫、办事公正者才有可能被推为首领。军事首领并不是以强制命令的手段统御战士，而是通过在战场上真刀真枪地勇猛搏杀赢得手下人的拥戴。战场上，首领的勇敢表现不及手下的战士,是他的耻辱;如果战士们的勇敢程度赶不上首领,也会感到脸上无光。假如首领在战斗中战死,作为手下的战士却从战场上生还,则是这个人毕生的耻辱。另外,在战斗过程中,无论条件如何,也要把战死同伴的尸体运回。另外,丢失盾牌和贪生怕死都是不可饶恕的罪过,轻者事后不许参加宗教仪式和氏族大会,重者有可能被处以绞刑。

日耳曼人的勇敢精神得到同族女性的激励和赞许。男人出征打仗,母亲和妻子的态度对他们的行为会产生重要影响。日耳曼人作战的军事组织通常按照家族和血缘关系编排,家族的女人们可能就站在他身后,退却就意味着她们将遭受侮辱和屠杀。女性是每个战士勇敢表现的重要旁观者和评判者,丈夫和儿子的勇敢表现也是妻子和母亲的荣耀,女人们的赞誉又是对战士的奖赏和鼓励。战争结束,母亲和妻子会查看和清点儿子和丈夫身上的伤口,伤口的数量和受伤的程度是评判他是否勇敢的依据。在日耳曼人早期历史中,就有女性在战场上激励男人们奋勇杀敌,并使战局发生逆转、转败为胜的事例。其中的一个情节是,她们在战斗的危难时刻,不断祈祷,同时袒露胸脯,借以告诫正在战斗的男人们,如果你们失败,我们将遭受凌辱和奴役,而这是每个日耳曼男人至死也无法忍受的耻辱。

日耳曼人不仅愿意打仗、善于打仗,而且其原始社会组织结构中也具备着战斗的机制。跟随军事首领打仗并忠实于首领是日耳曼人的习惯,保护首领是每个战士的责任,把军功归于首领是战士的忠诚表现。而作为首领,要真诚、慷慨地对待手下的战士,赏赐给他们战马、武器和各种战利品,经常举行宴会款待他们。双方结成同心同德的战斗集体,首领为胜利而战,随从则为首领而战,为首

公元9年,罗马的三个军团与日耳曼人在条托堡森林展开厮杀,结果日耳曼人大获全胜,罗马军团几乎全军覆没,由此罗马彻底地放弃了全面征服日耳曼尼亚的想法。
Peter Janssen,1873 年

卢多维西战役石棺的浮雕,描绘了罗马人和日耳曼战士之间的战争。250—260 年,罗马国家博物馆藏

领而战赢得战争将共同分享胜利果实。因而,能征善战、慷慨公正的军事首领会得到更多尚武的年轻人的拥戴,甚至其他部落的人们也会来投靠他,使其威望大增,势力更强。

日耳曼人的尚武精神与这个民族的性格有关,如果让日耳曼人在两条道路上选择,一是向敌人挑战,用血腥的手段获得利益;一是耕种土地,安于年终的收获,他们会毫不犹豫地选择前者而不甘心于后者。他们的观念是:"可以用流血的方式获取的东西,如果以流汗的方式得之,未免太文弱无能了。"

法兰克王国奠基人、国王克洛维一世接受洗礼,皈依基督教。13世纪手稿画

　　崇尚武力、勇猛善战的习性和能力,为日耳曼人后来入主西欧、成为统治者提供了军事保证。

　　在"民族大迁徙"的浪潮中,西罗马帝国灭亡,各日耳曼人部族纷纷建立自己的王国,经过长期混战,日耳曼人的一支法兰克人逐渐脱颖而出,他们当初以高卢地区为基地,相继打败各路敌人,国家由小变大,由弱变强。法兰克人发展壮大并建立起地域辽阔的帝国经历了两个阶段,前一个阶段为墨洛温家族统治时期,后一个阶段为加洛林家族统治时期。在墨洛温王朝统治时期,按照传统的土地分配政策，国王把大量土地奖赏给手下的亲兵，造成王朝后期地方势力拥兵自重，割据一方，王权软弱。加洛林家族的统治者借机掌管了国家最高权力，查理·马特任法兰克王国宫相期间（715—741），面对国家四分五裂，外族不断入侵的危机局面，认识到要改变国家的现有状况必须建立听从自己指挥、战斗力强劲的新型骑兵军队，而这些骑兵便是最早的骑士。

## 中国马镫与西方骑士

查理·马特是一位性情果敢、刚毅的统治者，"马特"即"锤子"之意，是后人对他军事统帅能力的一种赞誉。他继任法兰克王国的宫相后，面临来自国内外两方面的巨大压力：一是国内政治分裂，各路诸侯相互征战不已，而且其中有两个地区已经独立，摆脱了中央的控制，成为独立王国；二是周边各国和各民族入侵不断，在北部和东部地区，撒克逊人攻入莱茵地区，阿瓦尔人挺进巴伐利亚。在西南部地区，阿拉伯人的军队征服了整个西班牙地区之后，越过比利牛斯山继续向法兰克国家腹地进犯，法兰克国家危机重重。

面对如此严重的局面，查理·马特必须加强手中的权力，而加强权力的关键在于军队，没有强大的军事力量不可能摆平当时的局面。加强军事力量无非是提高军队的战斗力，而建立装备精良的新型军队则是提高军队战斗力的关键。那么，建立什么样的军队？经费从哪里来？这些都是查理·马特面对的棘手问题。

尽管在公元732年的普瓦提埃战役中，查理·马特率领以步兵为主的军队打败了以轻骑兵为主体的阿拉伯人军队，但是，他已经清楚地看到，要想赢得未来的战争，非建立装备完善的正规骑兵军

查理·马特于732年在普瓦提埃战役中大胜阿拉伯人。《法兰西大编年史》插图,15世纪,大英图书馆藏

队不可。查理·马特可能从阿拉伯人军队那里获得了两点启发：一是骑兵军队行动必须快捷，这是平复内乱、击溃周边入侵之敌、扩大疆域必不可少的；二是要建立作战能力强大的骑兵军队必须装备马镫，这一由中国人发明，但在我国历史上并没有掀起重大波澜的驭马设备，在查理·马特时代传入西欧后，却成为引发一系列军事变革的契机。

西方人使用马匹作战的历史可追溯到很久以前的文明之初，然而，在公元8世纪以前，西方骑兵军队在作战中一直处于辅助地位，步兵是军队的绝对主力。古希腊、罗马时期尽管也有某些军事将领运用骑兵赢得某次战役胜利的例证，但并没有真正改变骑兵的配角地位。骑兵更多被用于侦察、通信、小规模突击或骚扰性的军事行动。侵入罗马帝国境内的日耳曼人各部，也大都以步兵见长，只是西哥特人和伦巴德人的军队中有一定数量的骑兵。从总体看，步兵是战争胜负的决定性力量，包括盎格鲁撒克逊人、法兰克人等日耳曼人部族，大都擅长步兵作战，法兰克人当初也主要是凭借步兵的力量打败了西罗马军队和日耳曼人诸部。在传统的步兵阵型中，战士是一只手持盾牌，另一只手握长矛或战斧、剑等武器，组成密集队形，相互保护，构成一体的攻击力量。

马镫传入之前，骑兵是靠两腿的夹力控制身体在马背上的平衡，这样无法充分发挥作战能力，并且容易从马上跌落下来，因而，骑兵不敢草率与步兵交手，更无法冲入步兵阵营之中，否则，很容易落马并被步兵砍杀。因此，在一些战役中骑兵只能冲到敌军步兵阵前的一定距离内，抛出长矛后立即掉转马头迅速撤离，无法对步兵阵营构成摧毁性的打击。

配有马镫，骑兵能极大地提高作战能力，马镫使人与战马较牢

罗马步兵使用"龟盾战法"攻城（图拉真纪功柱，113）

固地结合在一起，他既可以稳坐在马背上，又可以站在马镫上，准确自如地操纵武器，冲刺、砍杀敌人。同时，骑兵可借助战马奔跑的速度冲击敌人。除此以外，马镫为骑兵穿戴重型盔甲提供了可能，同时，也为骑兵能够冲入步兵阵营，与步兵进行近距离拼杀创造了条件。配备马镫的骑兵与步兵交战，具有多方优势，既可居高临下发动攻击，又可快速追杀和迅速撤离。

　　作为一名杰出的政治家和军事家，查理·马特自然会意识到装备马镫的骑兵在战争中能够发挥步兵所不及的作用，这也促使他下定决心组建这种新型的骑兵军队。然而，建设骑兵军队需要大量的经费，高昂的费用从哪里来？这是一个非常难以解决的问题。查理·马特的时代，罗马帝国故有的经济体系已遭到严重破坏，新的蛮族统治者只顾征战，还无暇顾及发展经济，或者说还不太懂得发展经济。道路交通安全无法保证，各地关卡林立，有些领主对过往商客采取雁过拔毛政策,甚至组织武装拦路抢劫。落后的自给自足农业经济占据绝对主导地位,商品经济极为落后,货币的流通量非常有限,有些地方的人们采用以物易物的原始方式进行产品交换。这种经济状况使查理·马特无法使用货币进行骑兵军队建设。

当时最为实在的财产和酬劳就是土地,土地是生活必需品的主要来源,有了土地,就等于有了吃、喝、穿、住的基本保障,日耳曼的军人们最看重土地,土地是他们能够获得的最值钱的军功奖赏,是最可靠最实在的经济保障。然而,查理·马特当初能够用于支配的土地很有限,那么,如何才能改变这种状况,获得大量的土地呢?手中的权力帮了他大忙。

查理·马特顶着巨大的压力对教会开了刀。教会和修道院已成为当时社会最大的地主,其土地主要来自历代国王、贵族和各色人等长期源源不断的划拨、奖赏和捐献,查理·马特先后几次毫不手软地没收了大量教会和修道院的土地用于军队建设。为此,他彻底得罪了教会,在他死去之后,教会曾竭力声称,

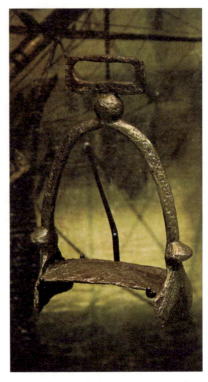

英国伦敦塔皇家军械库陈列的10世纪的马镫,表面镶嵌有黄铜涡旋装饰

中世纪的封臣仪式。13世纪手稿画

查理·马特已被打入了地狱。

在没收教会土地的同时,查理·马特又残酷镇压了那些反叛和分裂的大贵族,并获取他们的土地用于改革。此外,那些没被镇压的贵族或仍然跟随他的贵族,其所辖土地的一部分也被纳入了军事改革当中。

查理·马特实施军事改革的主要思路是,通过重新分配土地,建立起强大的骑兵军队。查理·马特改变了以往墨洛温王朝把土地无偿奖赏和分配的做法,把分封土地与军事服役直接挂钩,明确了获得土地者必须承担的后续义务。改革的具体办法大体是,以国王的名义进行初始分封,分封层层展开,从国王手中直接获得封地者,如公爵和伯爵等人,要依据土地的规模提供包括其本人在内的、相应数量的全副武装的骑兵。这些人为了能够承担起国王的义务,要把一部分土地继续往下分封；再获得土地者，如子爵、男爵等人也须向直接分给他们土地者提供包括其本人在内的相应数量的全副武装的骑兵；子爵和男爵这层，再把手中土地的一部分向下分封，受封者同样也要承担相应的义务。如此这般，一直分封到底层的"单甲骑士"。这样分封的土地，被称为"采邑"（所谓采邑，实际上是一种服役报酬，它以土地为主，也包括可以出租的房屋、磨坊，可以收费的市场，可以征税的港口或桥梁等能获得经济收益的财产。随着中世纪商品经济的发展，货币也可作为采邑的形式发放，被称为"货币采邑"或"采邑年金"）。凡获得采邑者，对采邑只能终身占有，不得世袭，分封和受封双方如有一方死亡，另一方要与对方的继承者延续相互关系，需要重新举行授封仪式，明确分封的条件和义务。

把土地进行有条件的分封，在查理·马特父亲的时代就已经开始，但并没有与建立正规骑兵军队联系在一起。查理·马特军事改革之初，骑兵军队建设的效果也不十分明显，这其中的原因很多。这类骑兵所需经费异常庞大，而土地则是逐步获取并分封的。另外，这类骑兵的作战技艺需经长期训练，这种训练要在年龄很小的时候开始。因此，查理·马特所组建的新型骑兵军队经历了一个较慢的发展过程，后来，经过他的儿子矮子·丕平、孙子查理大帝的不懈努力，骑兵军队终于发展壮大，并成为法兰克王国的精锐部队，为矮子·丕平夺取政权、创立加洛林王朝统治，为查理大帝开疆扩土、建立帝国，立下了汗马功劳。

由查理·马特组建的这类骑兵，即是我们所要谈论的"骑士"的早期阶段，他们在组织成分、武器装备、思想观念等方面与后来的骑士一脉相承。

查理·马特在临终前将国土平分给两个儿子——卡洛曼和丕平,《法兰西大编年史》插图,14世纪

**骑士是谁？**

什么样的人是骑士？他们都包括哪些人？由于中世纪时期人们用来称呼"骑士"的那个词所指代的群体较为复杂，而后来的学术界对"骑士"的解释也不一致，所以，关于骑士的身份以及骑士集团的成分构成都存在着不同说法。总的看来，在大约900年的历史过程中，被称为骑士的那部分人有着大体相同的身份特征，而整个骑士集团内部的组织成分也较为宽泛。

骑士的身份特征有多方面：首先，骑士不从事生产劳动，以作战为主要职业。前面我们谈到，土地分封造就了骑士，获得采邑的骑士，不仅有了军事装备的经济来源，而且有了本人及其家人的基本生活保证。采邑是许多骑士的经济来源，但并不是所有骑士的经济收入都来自采邑，有些骑士是被领主豢养在家中的，由领主为其提供武器装备和各项生活所需。还有些骑士获得的采邑并非是土地形式，而是实物或货币。例如像"铠甲采邑"，是领主为手下的骑士提供能够置办得起铠甲的财产，又如"货币采邑"，是领主为手下的骑士每年提供一定数量的货币作为服役的酬劳。除此以外，还有一部分骑士以受雇的形式存在，靠工资过活。有些骑士的经济来源并不是单一的，获得采邑的骑士也有可能从领主那不定期地获得战马、盔甲、武器、衣物、酒、肉等；被豢养在领主家中的骑士也有可能从领主那封得一片土地采邑；领得"货币采邑"的骑士，表现得出色也有可能获得土地采邑。另外，骑士还可能从不同的领主那里获得采邑，这种现象到12世纪已经非常普遍，有些骑士从十几个领主那里获得采邑。当然，还有一些骑士没有财产，靠战争、比武，甚至抢劫为生。总之，绝大多数骑士都有一定经济来源，他们

佃农在罗浮宫城堡外的采邑上劳作。《贝里公爵的豪华时祷书》插图,15 世纪

不从事任何生产劳动，习武和战作是他们生活的主要内容。

其次，骑士是西欧中世纪武器装备最精良、最昂贵的军人。骑士必须配备战马、盔甲、武器等，而这些装备在当时都属于精良装备，价格昂贵。在公元9世纪，一匹战马的价格是6头牛的价格，而骑士铠甲的价格与战马的价格相当。如此昂贵的装备，一般自由民家庭难以承担，他们许多人家里连一头牛都买不起，即便有一头牛也是家中最贵重的财产了。骑士的盔甲和武器引领着西欧中世纪手工业生产工艺的潮流。骑士精良、昂贵的武器及其装备与他们的社会经济地位联系在一起，较稳固的经济来源为昂贵的装备提供了保证。

再次，骑士一度是西欧中世纪战场上的军事精英。精良的装备在很大程度上保证了他们的军事实力，骑士的全副武装为"重装"——包括战马在内都被罩在盔甲之中的重型装备，既可独自形成战斗单位，又可集体配合组成稳固阵型，他们在战场上往往能起到决定性的作用，在14世纪初期之前的西欧战场上，传统的步兵已无法阻挡骑士军队的冲击。

还有，骑士是经过了集团准入仪式的成员。随着骑士制度的发展和骑士社会声望的提高，骑士的身份受到社会的广泛重视，凡被社会承认的骑士，必须基本达到骑士集团共同认可的各项标准，而达到这些标准的证明是，通过了专门的准入仪式，即"授剑仪式"。

另外，骑士有自己的生活方式。骑士不从事生产劳动，主要以军事活动和打仗为生。行军、戍守要塞或边疆、在战场上拼杀是他们的职责，而军事训练则是他们日常生活不可缺少的内容，此外，他们喜好的一些活动，如比武大赛和狩猎等都具有军事训练性质，包括平日里的宴饮方式和娱乐活动也大都带有军事色彩。

《贝叶挂毯》中"重装"的骑士形象。11世纪

骑士由哪些人组成,即骑士集团的成分问题,在学术界长期以来存在着争论,许多人认为骑士主要是指西欧中世纪的中、小贵族们,这种观点长期以来影响了我国学术界对骑士问题的认识。实际上,"骑士"是对某些人军人身份的称呼,在中世纪,国王也往往称自己是一名骑士,有些国王由于表现出色,被人们视为骑士的楷模,像英王"狮心"理查、法王圣路易、德皇腓特烈一世等被后人誉为"骑士之花"。他们除了要接受骑士的准入仪式,成为一名正式的骑士外,也要从小开始军事训练,还要亲自率军在战场上拼杀。因此,西欧中世纪经常出现某位国王在战场被俘的现象,这与他们

刻有重装骑士形象的英王"狮心"理查印章，1195年，法国旺代历史博物馆藏

的骑士身份有关。另外，在骑士文学作品中，国王也往往被视为骑士，从亚瑟王传奇作品中所反映的情况可看到，亚瑟王既是国王又是圆桌骑士成员，与其他圆桌骑士在人身权利方面是平等的。

骑士也包括大贵族，大贵族往往是国王的直接附庸，当国王发动战争调动兵力之时，他们也必须全副武装，率领自己手下的骑士为国王服兵役。我们从中世纪传下来的《罗兰之歌》中不难看到，其中的许多英雄都是大贵族，如罗兰，他身为伯爵，有自己广袤的封地，他的战友奥利维伯爵、盖温公爵等也都不是中小贵族。

另外，骑士还包括一些农奴出身者，在13世纪，英国和德国的一些骑士在身份上仍属于农奴。到中世纪后期，随着市民力量的强大，一些市民得到国王或大贵族的册封，也有成为骑士的。因此，笔者认为，贵族和骑士是两个不同的概念，所指的是既有区别又有联系的两个不同的社会集团,骑士集团中既有贵族也有非贵族出身的农奴和市民等。

总之,骑士所涉及的社会阶层较为宽泛,不过,其核心成员是包括国王在内的各阶层世俗贵族。西欧中世纪世俗贵族大多为军人,他们坚信,从事军事活动是他们的职责和权力。骑士的主体为贵族,因此贵族的观念和文化必然要受到骑士制度的影响,这种影响又由于骑士处于社会强势地位而作用于整个社会,使社会的许多方面具有明显军事特征。

# II

第二章

锤 炼

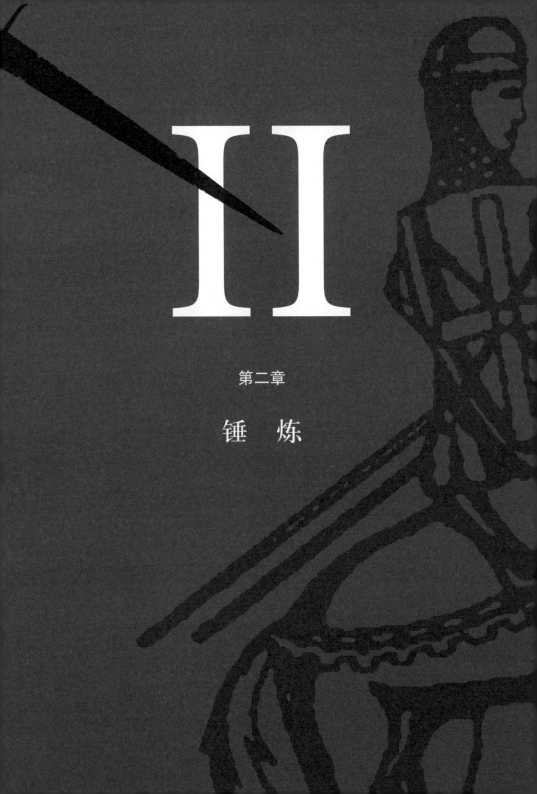

骑士并非一出生就是骑士，出身于贵族家庭只是他未来有可能成为骑士的一项条件，骑士还必须具备较强的体力和军事技能，并且，骑士集团内部形成共同认可的道德标准和行为规范，凡成为其成员者要达到相应的要求。因而骑士需要较长期的培养和训练，这一过程从很小的时候就要开始，经过千锤百炼，才能具备成为骑士的资格和条件。那么，骑士从小开始的军事训练都有哪些？他们在信仰、道德和文化知识方面都接受怎样的教育？

## 军训

　　骑士的军事训练从小就开始了，甚至，贵族家长在孩子没出生时就希望能生男孩，培养他长大后成为骑士，并继承家庭的产业。把孩子培养成一名优秀的骑士，首要的条件是健壮的体魄，因而，贵族家的孩子出生后，最重要的抚养目标是使他能吃能喝，身强体壮。

　　当小孩子能够在户外活动了，他们便被大人鼓励奔跑，打闹，翻跟头，玩板羽球、毽球、皮球、滚木球、跷跷板、踩高跷等。另外，只要孩子愿意，父辈们还常常把他们抱到马背上，让他们从小就熟悉骑在马上的感觉。

　　通常，贵族家男孩子从 7 岁开始要有计划地接受击剑、狩猎、骑术等方面的训练。学习击剑并不是件容易的事，有些贵族子弟在 7 岁以后便离开自己的父母，被送到地位高、武功强的贵族城堡中接受锻炼，如果附近没有剑术高明的人，孩子要被送到远方技艺高超的骑士那里接受训练，这是关系到孩子日后能力强弱、社会威望高低的大事，家境较富裕的家长一般都比较重视孩子这方面能力的培养。当然，在中世纪骑士文学作品中，也时常见到描写并渲染一些贵族出身的孩子，天生就会骑马打仗，不用经过训练就能熟练使用各种武器的情节。都林（Doolin）的父亲是位公爵，当他隐遁山

孩子的第一步。《马内塞古抄本》插图，14世纪，海德堡大学图书馆藏

骑士儿时的玩耍。13世纪手稿画　　孩子被抱上马背。中世纪手稿画

林成为隐修士时,都林才7岁。公爵的管家是个忘恩负义的叛逆之徒,乘主人在外隐修之机,使用各种卑鄙手段企图霸占公爵的妻子和领地。父亲的附庸竟敢如此卑鄙,年幼的都林对此愤恨不已,决定报仇。当母亲被扣压之后,他想尽办法营救。几年后,都林长成体格高大的健壮少年。尽管他没有接受过正式的军事训练,但却能全副武装地骑在马上,娴熟地使用各种武器作战,成为一名武功高强的骑士。最后,他与父亲一起返回家乡救出母亲、收复领地、惩治了叛徒。

中世纪文学作品中对一些英雄骑士儿时没有经过训练便可具备高超武功的情节描写,主要是为了宣扬贵族血统中天生所具有的能力和气概,而事实上,不经过长期刻苦训练,任何人都很难熟练掌握骑在马上或在马下使用长矛和剑等各种武器的技能。

学习剑术是贵族子弟们的一大乐趣,剑术规则和套路比较复杂

骑士的训练——马上冲刺。14世纪手稿画

长矛技能训练。14世纪手稿画

射箭练习。《亚历山大传奇》插图,1340 年　　　　　　十字弩射击训练。《亚历山大传奇》插图,1340 年

又灵活多变,学习者必须下苦功长期不断地学习和操练。击剑比较危险,很容易造成伤亡,特别是年轻气盛、血气方刚时,相互对击时斗气发怒、故意伤害对方之事屡有发生。除了剑术,他们也要学习使用长矛、棍棒、弓箭等其他武器的技能,还要能用盾牌有效地保护自己。同时,骑术是他们军事训练的长期科目,只有从小开始骑术训练,才能收到良好效果。他们要非常熟练地掌握骑在飞奔的战马上操纵武器、进攻敌人的各种技能。

　　狩猎是贵族子弟军事训练的另一重要科目。狩猎不仅是一种娱乐消遣活动,也是演练军事战术、增强作战能力的好方法。狩猎能提高参加者的作战智慧和胆量,是军事训练的重要途径。狩猎会使年轻人情绪高昂,当走出戒备森严、阴暗潮湿的城堡,到外面广阔的猎场狩猎时,会使人心旷神怡、兴致大增。通过狩猎可了解许多动物的习性,掌握快速发现它们踪迹的本领和对其进行追踪的方式,熟悉对各种动物的猎取手段等等。受训的青少年在狩猎的过程中要配备适合自己身高和力量的武器和弓箭。

训练和使用猎鹰、猎狗也是少年们需要学习的重要科目，领主会指派专人负责指导少年们学习这类事情。猎鹰是中世纪贵族狩猎的重要工具之一，如何驯养、如何放飞、如何驱使、如何唤回猎鹰都有一整套学问，需花费大量时间进行学习。中世纪的贵族们大多宠爱猎狗和猎鹰，常把拥有一条优秀的猎狗或一只训练有素的猎鹰作为炫耀的资本，并为此而感到自豪。把一只训练好的猎鹰作为礼品送给某位贵妇人或贵族小姐在当时是件时髦的事情，贵妇人和贵族小姐们也经常带着猎鹰随骑士们外出狩猎。

从 14 岁左右到正式被封为骑士之前这段时期的贵族子弟，被称为扈从 (Squire)。扈从通常住在领主或其他势力强大的贵族或国王的城堡中，继续接受骑士的各种军事技能训练，并且为其主人做各种服务性的工作。在中世纪时期，大贵族和国王大都极力网罗各地方武功高强的贵族子弟到自己门下做扈从，这是他们扩大影响、增强实力的重要途径。承担众多扈从的生活费用是一笔不小的开支，不过扈从们也并非是纯粹的消费者，他们每日也要从事许多军事训练之外的劳作。每天早晨，扈从要早早起床，先到马厩照料马匹，用梳子精心梳理战马的皮毛，天气炎热时还要为战马洗澡。除了马匹，扈从还要照管猎狗和猎鹰。忙完了战马和猎狗、猎鹰的照料工作，扈从还要赶快到主人的房间，小心翼翼地服侍刚醒来的主人，伺候他穿衣洗漱。如果有客人来城堡居住，扈从要帮助接待，并负责保管客人的武器，照料马匹。

到了开饭时间，扈从负责吹号通知，并准备好桌椅和洗手水等。主人就餐过程中，扈从站在每位骑士、客人和女士的后面，随

**游泳训练。中世纪手稿画**

**绘画、摔跤、投标枪。13 世纪手稿画**

骑士和他的扈从。《马内塞古抄本》插图,14世纪,海德堡大学图书馆藏

时做些诸如传递食品、切肉、切面包、倒酒等工作。主人外出旅行时，扈从会跟随左右，为主人看管随身用品。当主人打仗、参加比武大赛、狩猎时，扈从要为主人做好各项准备工作。忙完了白天的训练和工作，到了夜晚，扈从要服侍主人脱衣就寝，还要照顾好马匹和猎狗、猎鹰。最后，在睡觉前，扈从还要参与检查城堡的每个地方，察看城门是否锁好，吊桥是否吊牢，各安全环节是否都布置妥当。当这些工作都结束了，他们才能安心上床睡觉。

扈从的军事训练很严格，他们在军事行动中的地位也较低下。战役打响之前，扈从要为主人和骑士精心准备好武器和装备，要把武器、盾牌、盔甲擦拭得明光锃亮，还要帮助主人和骑士穿戴盔甲。战役过程中，扈从通常要跑步跟随主人或骑士们，为他们提供各种服务，当骑士的长矛折断，扈从要尽快递上新的长矛。由于扈从在战斗中经验不足，武器和装备也较差，有的甚至连头盔和铠甲都没有，只能以长矛为武器协助作战，因而，他们在战场上很容易受伤和死亡。尽管如此，他们往往能有机敏、勇敢的表现。当战役结束时，扈从还要照料主人和骑士们，做些服务性工作。

## 教育

中世纪是信仰时代，人们生活在浓郁的基督教信仰氛围中，骑士的精神世界受到基督教观念的深刻影响，而这种影响几乎从骑士出生后便开始了，且伴随其终生。孩子出生后的第一件大事是接受洗礼，洗礼通常在教堂举行，并由神职人员主持。贵族家孩子的洗礼显得更为隆重。洗礼时，孩子的教父和教母一定要参加并进行监护，而且，他们对受洗者日后的信仰和行为有监护责任。

新生儿受洗礼。中世纪手稿画

贵族子弟的教父和教母大都是威望比较高的信仰虔诚的贵族。在中世纪，贵族子弟所选教父和教母的数量比较多，其数量通常与这个孩子的社会地位呈正比，有的地位高的贵族子弟，教父和教母的数量各达12位之多。教会对此现象曾持反对态度，认为没必要有如此多的数量。到16世纪，宗教大会作出决议，只允许一个男孩有两位教父一位教母，一个女孩有两位教母一位教父；后来宗教会议又作出决议：每个孩子只能有一位教父、一位教母。教父、教母不仅要监护洗礼，通常还要为孩子起名字，教父用自己的名字给教子命名的现象较为常见。另外，教父和教母要为孩子准备一份礼物，当然礼品的价值取决于教父、教母的富有程度，地位显赫的教父可能会送金银饰物、丝绸织品等，有的甚至会许诺教子长大后送给他

"祈祷与施舍让这些灵魂脱离炼狱。"
信徒的两件善举：做弥撒和施舍

一座城堡，或一片领地。教母则大多送些皮质服装或亚麻、丝织品等，礼品的多寡和价值高低没有统一规定。

洗礼是基督教徒一生中的大事，也是入教的标志，同时也预示着在此后的生活中，要信守教义，遵守教规，直到生命的终结。洗礼的重要性既表现在实际生活中，也反映在文学作品之中，在描写英雄骑士的诗歌中，也常常有英雄在襁褓中接受洗礼的情节。当然，并不是所有贵族子弟的洗礼仪式都按部就班，千篇一律，具体情况不同，洗礼的方式和场地也会不同。在描写伟大的骑士罗兰事迹的诗歌中，可看到查理大帝的姐姐由于受到险恶之人的陷害，被查理大帝盛怒之下放逐到非常遥远和荒凉的匈牙利的情节，当时她正怀着罗兰，在非常艰难的条件下生下罗兰。罗兰出生后只能在冰冷的河水中接受洗礼。通过这样的情景，诗歌赞颂了英雄罗兰虽早年命运坎坷，但却具有顽强的生命力。

中世纪家长对孩子的宗教教育常常是随时随地经常不断地进行着，在平日的祈祷中，在带孩子去教堂做弥撒的过程中，在各种宗教节日活动中，家长会把基督教的知识有意无意地传授给孩子们。除了家长和亲人们的言传身教，教会神职人员们更是不知疲倦地宣扬基督教思想，无论是在教堂还是在节日街道两旁教会的宣传画中，孩子们都可汲取基督教思想，《圣经》中的故事，如上帝创造宇宙万物的故事、亚当夏娃的故事、挪亚方舟与大洪水的故事、耶稣的各种奇迹等，都是孩子们较为熟悉的内容，并对他们未来的思想和行为产生重要影响。

贵族子弟的道德教育主要来自周围人的口头指导，其内容大多与基督教思想有关。父母们会告诫孩子，要像真诚地信仰上帝一样真诚地对待周围的一切。要谦逊，如果骄傲占据心房，即使拥有万贯家财也将一事无成，甚至还可能一日之间倾家荡产。家长也会劝导孩子慷慨大度，成为穷人、寡妇和孤儿的保护者。一些贵族还会教育孩子要广施恩泽，中世纪有格言："先付出的人是聪明的人"，并且，他们认为施舍付出得越多，获得的荣誉越多，也会更加富有。贵族也教育

亚当和夏娃在蛇的诱惑下偷尝了智慧果。10世纪手稿画

大卫打败叙利亚人。中世纪手稿画,纽约皮尔庞特·摩根图书馆藏

孩子应该懂得礼貌,特别是在值得尊重的人面前应起立,以示尊敬。在路上要与每个认识的人打招呼,不要戏谑和嘲弄穷人。另外,无论处理大小事情都应谦恭,对遇到的一切都应以微笑和愉快的态度来对待;不要与流氓和恶棍交朋友,不要与地位低下者、卑贱的人同桌共餐;不要总是滔滔不绝地讲话,"聪明的沉默比愚蠢的诉说要好得多";要善于听别人的讲话,也要警惕叛徒的出卖,不要轻信甜言蜜语的称赞。除此之外,西欧中世纪贵族还有一种普遍的观念,即希望自己的孩子应具备勇敢的品格,宁死不屈。他们不能容忍自己的孩子日后成为贪生怕死、苟且偷生的人。因而,许多英雄

查理大帝任命他的老师、加洛林王朝最有影响力的学者约克的阿尔昆（Alcuin of York）（中）为图尔圣马丁修道院的院长，后者将之建设成为帝国的学术中心。13世纪手稿画，大英图书馆藏

人物，如大卫、罗兰、奥列沃、亚历山大、恺撒、亚瑟王、查理大帝等人都是贵族用来教育孩子的榜样。

除了军事训练和接受宗教、道德方面的教育外，贵族子弟们也会学习一些文化知识。然而，在中世纪早期，由于战争的破坏和日耳曼贵族对文化的漠视，社会文化和教育非常落后，贵族能读书识字的并不多。到查理大帝统治时期，他为了提高贵族们的文化修养，大力提倡教育，并在宫廷中为贵族子弟们开办学校，招聘国内外著名的学者任教，使加洛林帝国内的教育和文化出现较为繁荣景象，被后人称之为"加洛林文艺复兴"。

11世纪以后，贵族越来越重视教育，学习文化知识逐渐成为一种风尚，有些贵族常以有学问来标榜和炫耀自己，这种现象也影响到贵族子弟的教育。除父母平时向子女传授一些知识外，贵族子弟

老师惩罚学生。Marjorie Rowling《生活在中世纪时代》插图

通常都有老师教授文化知识。当时的老师有许多是神职人员,被请到城堡中来给学生们讲课,学生坐在老师周围,用铁笔在蜡板上练习写字。由于当时的纸张是用羊皮制作的,价格非常昂贵,据说制作一大本《圣经》所需要的羊皮纸大约要耗费两百到三百张好羊皮,因而,学生们平日写字主要是在蜡板上。除了学习用本国语言阅读和写信之外,有些学生也学习拉丁文和其他国家的语言。由于法国在当时的欧洲是文化发达的国家,因而引得各国纷纷向法国学习,其他国家的贵族子弟大都以能说法语为时尚。在德国,上层贵族如公爵、伯爵等通常聘请法国教师来教授他们的子女学习法语。在英国和苏格兰,贵族们也是以能说一口流利的法语为荣。而法国的贵族子弟们,有些人除了学本国语外,也学德语、英语、西班牙语、伦巴德语、诺曼语等,有人甚至能通晓欧洲十几个国家的语言。

(左上)教师举鞭督促朗读;(右上)训练角力;(左下)学习绘画;(右下)学习歌唱。《政治学》插图,15世纪下半叶,法国国家图书馆藏

  除语言外,贵族子弟们还学习数学、音乐、天文、语法、修辞和逻辑方面的知识,尽管老师会引经据典,滔滔不绝地讲个没完没了,但听讲的学生们大多对此不感兴趣。当时的天文和地理知识十分肤浅,甚至有许多错误。人们普遍认为世界的中心是大地,大地周围都是水,大地的深处是地狱。大地被空气所围,空气构成太空,围绕大地的是月亮、水星、金星、太阳、木星、土星及其他群星。太空环绕着整个宇宙,太空又被水包围并且连接无限世界的众多天国,直至"天国的天国"。在天国的天国,居住着天使们组成的九

个唱诗班和上帝。

从中世纪留下来的地图上我们可以了解到当时人们所掌握的地理知识水平。陆地被绘成圆形或椭圆形，周围由"海洋"围绕，在海洋里，鱼大得像岛屿，所有的空间都画着岛屿，所有岛屿又都相互对应。地图上半部被亚洲占据，欧洲和非洲分别占据下半部的右边和左边。地图的顶端是陆地上的天国，亚当和夏娃赤身裸体生活在那里，紧挨着他们的是缠绕在命运之树上的蛇。

当时的人文地理知识更显得荒唐，有老师给孩子们讲，在里海附近有个部落，靠吃人肉为生。有些地方的人身上长着一层白毛。在某些异教徒国家那里，五谷不生，石头都呈黑色，不仅终年无雨也没露水，那里的人们皮肤比铁还坚硬，打起仗来不用武器，单凭身体就足够了；他们中有的部落以香料和辣椒为主食，叫喊之声如野狗狂吠。由于许多国家没有月亮和太阳，那里的人不识数，视觉无用，依靠对声音的判断做出行动。在印度，有个部落的人每天需花大量时间与野狗战斗；还有个部落人很矮，有一条畸形的腿，但奔跑如飞，而且他们没头，眼睛长在两个肩上，嘴和鼻子在胸上。这些奇特的故事在西方中世纪的百科知识中占据了重要地位。在当时人们的印象中，世界上只有三座城市最伟大，它们是巴黎、君士坦丁堡和罗马。

另外，占星术也是当时人们普遍感兴趣的学问，它宣扬世间存在着不可思议的能量，掌握占星术便掌握了这种能量。占星术是世间无与伦比的技艺，通过它人们可发现窃贼，也可理解所有动物的语言，还能一天旅行20个世纪，更能从任何一个监狱逃跑，并且可在瞬间夷平大地上所有著名的壁垒和坚不可摧的城堡，威力无比，能量变化莫测。

15世纪的手抄本世界地图,依据托勒密的《地理学》一书中的相关内容重构而成。上面标明了"蚕丝之国"(Sinae,意指中国)在极东的位置。Nicolaus Germanus,1467年

中世纪关于历史知识方面的教育也非常粗浅,从太古到基督教时代,人们印象最深的三个名字是:特洛伊、亚历山大和恺撒。对特洛伊的了解,主要靠那段传奇的战争故事,而对那次战争的情况,当时恐怕也没有多少人能说清楚。在中世纪早、中期,希腊在一般人的印象中只是一个很古老的概念,他们感兴趣的也只是一些神话和传说故事。对亚历山大和恺撒的了解,也只是侧重于他们本人的相貌、勇猛善战、智慧超群一类的故事,而其中充斥着大量传说和稀奇古怪的神话。至于像法兰克人的祖先是谁?第一代国王是谁?这类问题,不用说当时的儿童,就是骑士们也都糊里糊涂,说不清楚。甚至,有些人还把查理·马特与查理大帝混淆为一个人。比较

父亲教育儿子。中世纪手稿画

起来,人们对查理大帝的战功、谋略、爱好、相貌、帝王血统等等方面内容了解略多些,但其中也多为传闻和不实内容。

此外,年轻的贵族子弟,平日生活在领主的城堡中,可从贵妇人那里学到许多社交方面的知识和技能,例如,贵族的社交礼仪、言谈举止、着装服饰等,也能学到如何尊重女性、对女性彬彬有礼等文明举止。同时,还可学到宫廷舞蹈、歌唱、演奏乐器、下象棋、口才等技艺。

总之,中世纪贵族子弟的教育主要围绕军事技能展开,而宗教和道德教育受到一定程度重视。至于文化知识,则马马虎虎,学到多少或正确与否都无妨大局。西欧中世纪是个崇尚武力的时代,特别是在中世纪的早、中期,贵族子弟中学习文化知识或从事这方面职业者通常是那些体力和勇气不足的人,优秀的年轻人更多是不屑于认真做这类事情的。

# III

第三章

# 册　封

在中世纪，被封为骑士是人一生中的重要事情，凡重要的事情大都有仪式相伴，以加深印象。具备了各种条件和资格的年轻人还不是真正的骑士，必须经过一项仪式予以册封，才算进入骑士集团的门槛，他的身份才能得到社会承认。那么，达到怎样的条件才能受到册封？这种仪式的程序和特点是什么？对规范骑士的行为会起到什么样的作用呢？

**成为骑士的资格**

　　骑士身份是地位、特权、荣誉的综合，成为一名骑士是许多男性青年的奋斗目标。然而，要成为一名骑士并不那么容易，对于家庭出身低微的广大青年来说，这是件非常困难的事情，而那些出身高贵的年轻人也不是都能成为骑士，因为有许多限定条件。因此，中世纪时期就有人对成为骑士的资格进行了归纳和总结，为我们了解这方面情况提供了较为充足的材料。其中，雷蒙·劳写成于13世纪的《骑士规则全书》以谈话的形式讲述了成为一名骑士的条件，他认为，骑士是为抑制邪恶、保护人民而生的，他是在每一千名"最忠诚、最强壮、最具高贵精神"的人当中挑选出的，是千里挑一的人物。被选为骑士者首先要配备最高贵的动物——战马，也要拥有最好的武器和装备，还要有扈从为他服务，而普通人则只能为他耕种土地，提供骑士和战马的各项需要；其次，要成为骑士，必须身体强健，达到足够的年龄，能胜任骑士所承担的各项任务；再有，他必须具有高贵的血统，并有足够财力维持他的生活和地位；此外，要观察他在实际生活中是否仿效英雄人物，追求高尚的生活，不曾做过罪恶的事情；另外，作为骑士，他的第一职责是保卫并信仰基督教，反对异教徒，同时，他还要保护领主、弱者，并应时刻准备从城堡中冲出，守护道路安全，追击强盗和罪犯，在国王之下

**老隐修者给扈从讲授骑士制度规则。雷蒙·劳《骑士规则全书》插图。大英博物馆藏**

管理人民并监督人民的劳动。他还必须珍视荣誉,不可傲慢,也不要发假誓,更不能懒惰、淫荡,特别是不能背叛领主。雷蒙·劳的骑士资格标准是一种理想化的要求,与实际生活中选择骑士的标准有较大的差距。

在实际生活中,一个年轻人能否被封为骑士,首先要考察他的

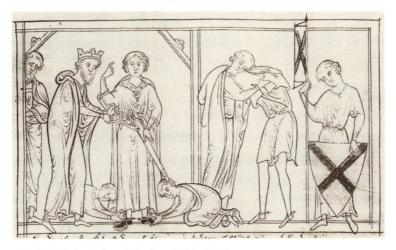
骑士的受封仪式：佩剑，赠予军旗。中世纪手稿画

出身，看他是不是骑士的儿子或至少他父辈中有人曾是骑士。不过，这条规定在具体执行中并不十分严格，一些君主和大贵族时常不按规则办事，在战场上有表现得忠诚、勇敢、令他们满意者，尽管出身低下，也有可能被封为骑士，并授予采邑，特别是14世纪以后，这种现象更为普遍，甚至，有王室公然出售骑士头衔，以此解决国库的经济拮据问题。在1302年，法国国王菲利普为了筹措战争经费，曾宣布同意出售骑士身份。对于一个急需金钱的国王，出售骑士身份是一种便捷的敛财方式，这种情况西欧其他国家也有，这使一些商人和富裕市民子弟有机会进入骑士行列。另外，在英国和德国，有些骑士当初就是农奴出身，由于为领主服兵役，后来社会地位逐渐提高。

　　成为骑士有大体的年龄规定。在中世纪早期，成为骑士的年龄，从15岁到25岁不等，到13世纪时，定在21岁左右。然而，在实际册封中,这些规则实施得并不严格,大贵族,特别是王室后代,受封的年龄大都提前,即社会地位越高,受封的年龄会越小。英王亨利三世受封为骑士时,年龄仅9岁,爱德华一世则是15岁。年龄也是受封者体能、力量、使用各种武器的技能达到一定程度的标志。强健的体魄往往与勇猛、无敌等形象连在一起,受到骑士们的崇尚,拥有强健的体魄是赢得人们敬重的重要前提,这从中世纪叙事诗中所描写的英雄形象可了解到。查理大帝在人们心目中的崇高地位是与他健壮的体魄和过人的膂力连在一起的,据说他身高两米多,魁伟,威风,力大无比,可轻易同时折断三四根马蹄铁,并能举起一个全副武装的骑士。

在实际生活中,通常谁也不愿意为那些行为不检点、劣迹昭彰的人举行受封仪式,而那些忠诚、勇敢、品格高尚的年轻人更容易受到册封。另外,那些性格过于软弱的贵族子弟也可能不被封为骑士,战场上的激烈厮杀、人的呐喊嚎叫、战马的嘶鸣、武器的撞击、血流成河的场面会使这类人心惊胆战,四肢发软,无力战斗。因而,这种天性的年轻人,可选择其他职业,如神职人员、学者、教师等。再有,那些身体有病、肢体不健全、精神不正常、头脑反应过于迟钝的人,也大都被排除在骑士行列之外,即便是出身高贵,也没有人愿意为这些人册封。

随着城市兴起和商品经济迅速发展,许多商人和市民富了起来,他们有可能通过花钱获得骑士身份,但这种出身的骑士往往被传统贵族所瞧不起,并且那些以敛财为目的册封他人为骑士的贵族也会遭到持传统观念人们的嘲笑和反对。当商人和市民出身的人纷纷进入骑士行列之时,也正是骑士制度走向衰落的时期。

## 授剑仪式

中世纪时期的人们也和今天的人们一样,凡有重要的事情,都要举行仪式以表示重视和铭记在心。能成为骑士是人一生中的大事,因而要举行仪式。此仪式有各种称呼,由于其核心环节是把一支剑授予这位年轻人,故也可称之为"授剑仪式",它是接纳新骑士的仪式,只有通过这种仪式的人才算真正成为骑士了。

授剑仪式可追溯到公元1世纪日耳曼人的武器授予仪式,当日耳曼少年达到能使用兵器的年龄,部落的长老或本人的父亲或亲属会授予这个少年一面盾牌和一支长矛。接受此种仪式后,这个少年便可随身携带武器,他的体力和作战技能也得到同伴们的认可。日耳曼人这种原始的仪式被后来的法兰克人继续发展,仪式中所授予的武器改为长剑。到12世纪,授剑仪式的各种规则都已完备,不过,人们在举行这种仪式时并不都是按照统一的程序进行,时间不同、地点不同、社会地位不同都可能影响到仪式中的程序,或简单,或复杂,并不固定。举行这种仪式的日期也没有统一规定,一些节日,如圣诞节、复活节、耶稣升天日、圣灵降临节、圣约翰节等都可举行这种仪式。此外,举行婚礼、洗礼、成年礼过程中,也可为其他人举行授剑仪式。一般来说,举行授剑仪式的时间大多选择在气候温暖的季节,这不仅有利于众多来宾在户外举行各种活动,还有利于马匹的喂养。另外,在战役打响之前,或是在战场上,也有领主为年轻人举行仪式,借此鼓舞士气。

谁有权举行仪式封年轻人为骑士?通常的说法是,每一名骑士都有资格封别人为骑士。因而,有这种权力的人很多,骑士的父亲、家族中名望高者、领主、大贵族、国王、主教、教皇等,都有可能为年轻人举行授剑仪式。尽管可封别人为骑士的人身份很杂,但大多数年轻人更愿意选择地位显赫的大贵族或者国王为自己举行册封仪式,这样的仪式一般场面宏大、气派,受封者会由此得到强势者的关照,同时也是一种身份资历,日后可引以为荣,成为炫耀的资本。中世纪的贵族和国王们也热衷于为更多的贵族青年举行授剑仪式,目的是借机网罗人才、壮大势力。

依据程序特征,授剑仪式大体可分为世俗型、宗教型和世俗与宗教混合型。到 12 世纪,混合型仪式最为普遍,主持者通常为世俗贵族或君主,神职人员从事其中的祷告、弥撒等宗教活动,地点有的在宫廷或城堡,有的在教堂,或者仪式中的某些环节在教堂。在和平时期,授剑仪式一般都比较讲究排场,特别是为大贵族家子弟举行的仪式,场面宏大,程序周全。

一场较为复杂的授剑仪式,程序大体如下:准备受封的年轻人在前一天晚上要认真洗澡,然后穿上白色紧身上衣,外面套上红色长袍或披红斗篷,在朋友和亲属的陪同下来到教堂。他要把自己

骑士受封前的洗浴。17 世纪,Writhe《嘉德手册》插图

法王约翰二世（1350—1364年在位）为一名骑士举行授剑仪式。14—15世纪

的武器和甲胄放在神坛上，并在神坛前守护一整夜，只能站着或跪着，不能坐下更不能躺着，并且沉思明天仪式中的每一个环节，同时也要虔诚地祈祷和忏悔。到黎明时，神父来为年轻人做弥撒，并为放在神坛上的武器和甲胄祈祷。

从教堂回来，用过早餐后的上午，在授剑场地，这个年轻人跪在主持者面前，宣誓要履行骑士责任直到生命的终结。然后，有骑

《授剑仪式》。Edmund Blair,1901 年

在战场上册封骑士。中世纪手稿画

士过来帮助他穿戴盔甲并在脚后跟处装上踢马刺。随后,主持者把那支在教堂中经过神职人员祈祷的剑系在年轻人的腰带上,并抽出自己随身携带的另一把剑,用剑身平面轻轻拍打跪在面前的年轻人的肩头几下,同时陈述骑士的基本准则。这种用剑身平面轻轻拍打肩头的做法,其前身是主持者用手掌或拳头在年轻人的脖颈处击打一下,意思是提醒受封者从此已成为一名骑士,要严格履行骑士的行为准则。

授剑仪式的最后一项程序是,新受封的骑士骑上战马展示武功,他要在飞奔的战马上用长矛连续刺穿几个罩有铠甲的靶子。新骑士表演过后,在场的骑士们为了助兴也会策马奔向广场中央,相互即兴拼杀、比武,场面欢快、热烈。

## "神的赐福"——教会的干预

在中世纪西欧，社会的思想观念大体被基督教垄断，教会为弘扬基督教思想长期不断地做了大量工作，而且，这些工作几乎无孔不入。骑士是社会的强势群体，他们中的许多人集军人、领主、官吏诸种身份于一身，对社会各个方面有着很强的影响力，教会对他们行为的引导和干预一直没有放松。授剑仪式是骑士一生中的大事情，并且对骑士日后的生活和行为会产生重要作用，仪式中的宣誓和带有各种象征意义的程序，都传达着某种思想和意愿，其中大多数内容都与基督教有关，这种现象是教会坚持不懈地干预授剑仪式的结果。

教会对授剑仪式的插手和干预是从为骑士的剑和其他武器装备的祈祷开始的。中世纪时期，人们经常会恳请教会神职人员为他们的各种东西祈祷，农民会请神甫为他们的土地、庄稼、牲畜、生产工具等祈祷，结婚的新人会请神职人员为婚床、房子、餐桌等祈祷，而贵族骑士们则会请神职人员为他的城堡、武器、铠甲、战马等祈祷，人们普遍相信，教会神职人员是上帝与人类沟通的中介，通过他们的祈祷会把世人的意愿转达给上帝，以求得上帝的赐福和保佑。骑士们所使用的武器和装备是他们赖以生存和消灭敌人的重要工具，自己的武器和装备能得到上帝的保佑是每个骑士衷心的愿望。因此，中世纪时期，有些骑士的剑柄中会镶藏着宗教圣人的一点遗物，如一小块遗骨、血块、头发、衣物残片等，其目的也是为了能得到圣人和上帝的保佑。到公元10世纪，教会颁布条文，把为骑士武器装备祈祷列为教会服务规则，使其规范化、制度化，并推广至西欧各国。

圆桌骑士格拉海德在教堂中受封为骑士。15世纪手稿画

    神职人员为骑士的武器和装备祈祷，无形中就把教会的主张和意愿传达给了骑士，从神职人员对剑的祈祷辞中能表现出这一点。"我的主啊，恳求您听取我们的祈祷，祈求以您威严的手赐福于这把剑，它是您的仆人希望被佩予的，它可保护教会、寡妇和孤儿，保护您所有的仆人免遭异教徒的蹂躏，它可令恶人心惊胆战，它可担负起保卫和战斗的双重职责。"随着时间的推移，教会对授剑仪式的干预有逐渐加强的趋势，到12世纪，教会对此仪式的干预几乎贯穿整个过程的各个环节。

    起初，受封者授剑仪式前一天晚上的洗澡并没有宗教象征性意义，只是考虑到卫生和清洁才这样做的，可以安排在前一天晚上看护武器之前，也可安排在第二天早晨授剑之前，并没有明确的说法。

后来由于教会的干预,在时间上被定在前一天晚上,而且这一纯粹的生活行为被赋予明确的含意,即精神洗涤,其寓意是,洗掉年轻人以往所犯的各种过错,使身体和灵魂都洁净地进入骑士行列。这一寓意明显具有了基督教洗礼的特征。此外,前一天夜里在教堂守护武器和盔甲一整夜的做法,是教会干预授剑仪式的一个典型,它把新骑士与教会紧密地连在一起,这种做法并不是教会的新创举,而是复活节和降灵节举行彻夜祈祷守夜活动的翻版。再有,教会把弥撒引入授剑仪式,使其增添了浓厚的基督教色彩,弥撒使骑士们相信,上帝的实体会转化到每个骑士的身体之中,上帝将永远与他们同在,给他们无尽的鼓舞、勇气、力量和保佑。这类宗教活动无疑会坚定骑士对上帝的信仰。

授剑仪式中起初一些纯粹的世俗行为,经过教会的参与和渗透,也变得具有宗教气息。从日耳曼人授予武器发展而来的佩剑程序,也带有明显的基督教印记。在佩剑过程中,主持人口中要念道:"授予你这把剑,标明你已成为上帝的战士","愿真诚的上帝赐给你勇气"。还有,用手掌或剑身平面在受封骑士的颈后或肩上拍打几下的程序,也被教会寓以新的含意,即"从噩梦中醒来,保持清醒,信仰基督,为获得崇高的荣誉而战斗"。

教会对授剑仪式的影响和干预不仅表现在仪式的程序中,还表现在仪式过程中对衣物的特定要求和对武器、装备所含意义的解释方面。洗澡之后穿上白色亚麻质长衫,这象征着纯洁,"当升入天堂时灵魂和身体都是纯洁的"。在白色长衫外穿上红色的外套或斗篷,意为"必须为保卫神圣的教会流尽最后一滴血"。装踢马刺最初并没有宗教含义,到后来则是告诫新骑士,像踢马刺激马向前奔跑一样,骑士要服从神圣旨意的激励,听从教会的呼唤。锁子甲和

骑士正在祈祷。15 世纪手稿画

头盔也有其象征意义,要像锁子甲和头盔保护骑士躯体一样,骑士应成为保护教会的铜墙铁壁。长矛也有其寓意,意思是威武地驱除教会的敌人。剑的双刃也代表不同的含义,一边服务于上帝,打击异教徒和上帝的敌人;一边保护人民,惩治残害弱者的强人。

第三章 册 封

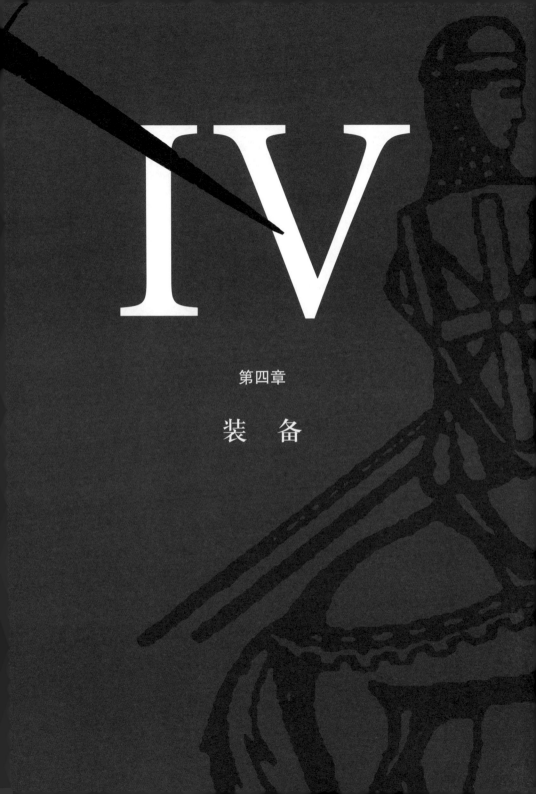

# IV

第四章

装　备

骑士的第一身份是军人，作为军人就要有相应的装备，骑士的军事装备是当时西方最为先进的。精良的装备不仅决定了骑士在军事上的精英地位，而且在很大程度上决定了他们在社会上的强势地位。由军事力量而掌握权力而掌握财富的社会运行机制，使骑士中的许多人既是军人，又是统治者，又是贵族。这种复合型身份的核心是超强的军事技能，而军事技能的强弱很大程度上又取决于武器和装备的精良程度。

## 战马、猎狗和猎鹰

战马、猎狗和猎鹰是中世纪骑士最为喜爱的动物,骑士之所以喜欢它们,主要原因之一是,这三种动物在中世纪时代是战斗和生活中极为有用的工具。战马是骑士的战斗伙伴,是不可缺少的军事装备,而猎狗和猎鹰则是狩猎的得力助手。原因之二是,这三种动物被视为具有高贵的气质和灵性,战马矫捷、灵慧、肯承载重任;猎狗忠诚、勇敢、不屈不挠;猎鹰孤傲、凶猛、易冲动。三者的这些品性被骑士们视为与他们自己的天性相似,因而,在中世纪骑士文学中,有许多关于贵族骑士从小就与这些动物有不解之缘的描写,这类故事中所要表达的观念是,具有贵族血统的人无论何时何地,也无论多么年轻,永远都会显露出高贵的天性,喜欢并且应该拥有这类动物,这是天性高贵的标志。当时的观念还认为,这三种动物能够把具有贵族血统的人蕴藏在身体中的高贵品质充分激发出来。

随着骑士在战争中地位的提高,优良品种的战马越来越受重视,战马关系到骑士的军功战绩和生命安全,因此在骑士心中的地位非常高,再加上战马通人性,许多骑士把心爱的战马视为自己生命的一部分。这样,挑选、品评战马就成了非常讲究的学问,由此形成一种关于马的文化。

战马的家族血统是挑选战马的重要条件,当时人们认为,出身于优良血统家族的马大有可能成为千里驹,而劣等品种的马无论怎样训练也不可能成为千里驹,这种认识与有贵族血统的人比其他人高尚的观点一脉相承。在西欧中世纪,声誉最高的是西班牙战马,其次是加斯科尼战马,随后是匈牙利马、叙利亚马和罗斯马。优秀的战马从外观上就与拉车、耕田的马有明显区别。优秀战马的头骨和面部特征是:前面窄,侧面骨骼棱角分明,颚骨瘦削,耳朵小,鼻孔大,鼻翼扩张幅度宽阔,眼睛清亮有神,眼睛与眼窝的大小与整个头部的比例匀称。此外,其胸部应宽厚,背至臀部宽且平实,脖子像弯弓一样高高昂起。四条腿健壮有力,腿的长短适中,膝盖处平直。马蹄边缘整齐清晰且呈圆形,大小与腿的粗细长短成一定比例。

马头盔甲。15世纪德国南部

载重能力和奔跑速度,是选择战马的重要依据。能同时驮载四名全副武装骑士的战马被誉为"铁背"。中世纪有关于两名骑士同骑一匹战马作战的传说。中等奔跑速度的马,很难被选为战马。战马还应具备腾越一定高度的障碍和跨越一定宽度沟渠的能力,优秀战马的跨越宽度,不应少于4米。战马的颜色也被骑士们所看重和讲究,纯白色的战马声誉最高,其次是白色与其他颜色相杂的战马,面门或四蹄为白色的战马会得到许多人的喜爱。

15世纪的战争场景。强健的战马在其中扮演了重要角色。Paolo Uccello，1436—1440年

战马是灵性极高的动物，骑士作战时与战马默契配合以及战马奋勇救助主人的事屡见不鲜，中世纪留下许多骑士与战马之间情意深厚的感人故事。

中世纪时期，贵族骑士们对猎狗也有一种特殊的喜爱，他们喜欢猎狗围绕在身边那种令人兴奋的感觉。有一名骑士记下了他狩猎时的感受："这是令人兴奋不已的事情，一群猎狗围护着你，吠叫着为你助威，你可叫出它们的名字并激励它们旺盛的斗志。当到了狩猎地点放开它们后，它们会立即沿着猎物的嗅迹快速追击，不久便消失在森林中，当森林深处传来激烈的狗吠声，那一定是它们发

**捕猎野猪。中世纪手稿画**

现了猎物并正与之搏斗。在现场你能看到十几条猎狗正围着一棵大树下的野猪发起猛烈攻击，野猪背靠大树发疯似的用刀一样的牙齿还击。鲜血溅了一地，有猎狗的血也有野猪的血，受伤的猎狗仍狂叫着奋力向野猪猛扑，场面激烈……"

　　骑士们所使用的猎狗通常有四种：一种是俐獏（lymer），这是一种高大的猎犬，狩猎时用锁链牵着，当把猎物追到绝境时再使用，它会对猎物发起凶猛的攻击；再有是布莱彻特（brachet），是一种体型比俐獏小些的猎犬；还有灵提(grey hound) 和雷猢（levrier），这两个品种的猎犬体型细高，奔跑速度奇快，并且可单独捕杀野鹿。

　　猎鹰主要用来猎取飞禽和一些小动物，也可用来截获敌方用信鸽传递的情报。像苍鹭、鹤、野鸭以及野兔、松鼠、狐狸等都可用猎鹰捕获，猎鹰是中世纪时期除了弓箭、十字弩之外最有效的猎获飞鸟的工具。当时被用于狩猎的鹰有多种，大体上可被分为两类：一类是长翅鹰，或称长翅隼，体型较大，主要有游隼、大隼、褐色隼、兰纳隼和灰背隼等。游隼和大隼主要产于冰岛，褐色隼主要产于南欧，由于身上有褐色的羽毛而得名。游隼、大隼、褐色隼和兰纳隼通常用来猎捕体态大一些的水鸟，而灰背隼则主要用来捕获体型稍小些的飞禽，这种隼的羽毛大多呈深色，尾巴上有黑色条纹。另一类是短翅鹰，体型较小，有苍鹰和雀鹰两种，这类鹰在树林中能发挥长翅鹰所无法达到的威力和效果。在众多种类的猎鹰中，体形大、性情暴烈、富有攻击性的雌性鹰属于猎鹰中的上乘。

中世纪贵族骑士们对猎鹰的喜欢也是今天的人难以理解的，有些人甚至与猎鹰同居一室，出行时手托猎鹰，几乎形影不离。而且，有些贵族女性也对猎鹰喜爱有加，当出门旅行或狩猎时，骑在马上，手托猎鹰，甚为时尚。

### 长矛和剑

在战场上，骑士要编成一定人数组成的队形，集体冲锋攻击敌人，因而，他们的武器装备要大体一致。从查理·马特到查理大帝，再到后来的各国君主都有对骑士武器装备的统一要求。骑士的主要武器是长矛、长剑、短剑。

骑士最典型的作战方式之一是，持稳长矛，对准敌人要害，催马冲刺，在与对方交错的一刹那，置敌于死地。因而，长矛是骑士的重要武器，在战场上与敌人交战，往往最先使用的武器就是长矛。

9—10世纪时的长矛矛头，上端两侧有矛翼。原件存伦敦博物馆

骑士出现之初，他们使用的长矛大多延续古罗马和日耳曼式的风格，有些类似今天的标枪，随着骑士作战技能的规范化，长矛有一定改进。由于有了马镫，骑士的作战方式发生变化，他们可单手持长矛冲杀敌人，因而，矛杆的长度和粗度都有增加，矛尖也变成平缓的菱形或柳叶形，有的矛头下端两边有横凸出来的小"矛翼"，以防止冲刺敌人时长矛戳得太深不易拔出。

  11世纪以前，矛杆的前后粗细基本一致，在战场上如需要，长矛仍可被抛出刺杀敌人。12世纪早期，某些骑士长矛的矛杆手握处前面有一小圆环，这可能是持矛者在进攻时，为防止冲击的反作用力使长矛脱手所设。13世纪以后，出现前细后粗的矛杆，手握处刻有手握槽柄，这种长矛由于矛杆前端细后端粗，大部分重量移至手柄处，易于骑士单手控制和掌握平衡。而设置槽柄则是为骑士冲刺时长矛不易脱手。到14世纪，矛杆手握处前面出现圆形金属挡盘，对持矛的手起保护作用。矛杆的长度也有个变化过程，在12世纪，矛杆长度一般不少于2.4米，到14世纪末，有矛杆长达4.6米。矛杆以质地比较坚硬且具一定韧性的独根木制成。持矛的方式有两种，一种是手握矛柄，矛杆底端抵住右侧大腿，另一种是手持矛柄，用臂膀和腋窝稳住矛杆后端，然后使长矛从马头上方的左侧伸出，瞄准敌人要害部位，用踢马刺催马向前冲击。

**马上长矛刺杀。15世纪版画**

骑士另一个重要武器是长剑，剑既是武器，也是骑士精神的象征。它通常被用于长矛折断后与敌人近距离的拼杀中。剑的各个部位有着特定的象征意义。

剑由剑身、剑柄、柄前横档、柄锤组成。中世纪早期，由于剑主要被步兵使用，其形状与上古时代大体一致，剑身较宽，两刃间的宽度上下一致，剑身带有血槽，主要用来劈砍和刺杀，必要时还可抛出。骑士军队发展起来后，剑的形状发生一定变化。公元900

年前后，剑身出现靠柄部略宽越往上越窄的形状，这使剑的重量大多集中在柄部，便于骑士单手劈砍和刺杀。中世纪长剑的长度通常为94厘米左右，其中10厘米左右为柄部，柄部宽5厘米左右，剑柄与剑身通体锻造而成。

剑的横档与剑身呈十字形，这样既可保护持剑者的手，又具有十字架的象征意义，骑士可随时举剑，面对其祈祷、发誓。为此，一些人把圣人的遗骨或遗血、遗发、遗物等铸进剑的柄部和柄锤里面，以求上帝的保佑，这种现象在文学作品中也有反映，《罗兰之歌》中对罗兰的宝剑杜论达有这样一段描写：它的金柄上镶满神圣珍宝，而且手柄中装有圣巴西的遗血、圣彼得的牙齿、圣但尼的遗发、圣玛利亚的一小片衣物。剑在授予骑士之前要经过神职人员的祈祷，因此，其象征意义是多方面的。剑是正义的象征，它的双刃具有不同意义：一边服务于上帝，打击异教徒和上帝的敌人；另一边保护人民，惩治残害弱者的恶人。

这把剑据说是爱德华三世的。剑是骑士最珍贵的武器，剑柄通常被装饰得最华贵，并装有圣徒的遗物

两名男子用剑近身格斗。13世纪手稿画,英国利兹皇家军械博物馆藏

骑士视剑有生命力,它既是骑士的亲密战友,又是形影不离的伙伴,平日他们爱护自己的剑,并给它们起响亮和富有寓意的名字;在与敌人拼杀时,他们会向自己的宝剑喊话,以提高勇气,增强信心。剑也是持有者荣誉的象征,当某骑士做了严重有辱骑士声誉的事情时,其领主会下令毁掉他的剑,以示将其驱逐出骑士行列。

除了长矛和剑,有些骑士也喜欢使用其他武器,在长矛和剑之外备有单手使用的战斧、铁头锤、铁棍、狼牙锤、短剑等。

骑士用剑搏斗场景

## 盔甲和盾牌

  中世纪骑士的军事装备大体分为三种,即骑乘的战马、进攻的武器、防卫的盔甲和盾牌。骑士军事装备的发展理念是,在进攻中最大限度地保护自己,这使长矛、剑、弓箭等进攻性武器不断改进,同时也促进了盔甲这类防御性装备的日趋改进,攻防双方的相互激励,推动着骑士军事装备的发展和演变。骑士的军事装备关系到他

身穿锁子甲的骑士们。《贝叶挂毯》(局部),11世纪

们的身家性命,也关系到国家的存亡,因而,其生产制造受到极高的重视;骑士的军事装备,特别是盔甲的生产,引领着西欧中世纪手工工艺的潮流,差不多是当时生产力水平的最高标志。

中世纪早期,战士的铠甲很简单,战士会把圆形、菱形或小方形的金属片缝在皮子或厚布上,护住从脖子到大腿的身体,当时最好的铠甲是锁子甲。锁子甲由数千个小铁环相互穿套在一起,制成长至膝盖、袖子到臂肘的铁衣衫,其下摆前后开衩或前后左右开衩,便于骑马。中世纪早期,由于锁子甲工艺精细,价格昂贵,只有大贵族和国王们才能置办得起。到12世纪,随着锁子甲生产工艺的进步,长袖锁子甲普遍出现。在1200年左右,出现了与锁子甲连为一体的锁子甲手套,拇指与其余四指分开,铁手套的掌心部位用布或

第四章 装备

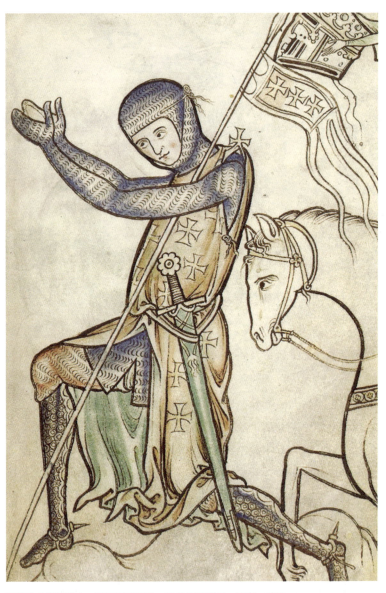

跪着的十字军战士,通身穿锁子甲。13世纪手稿画,马赛·巴黎

皮革制成。也有锁子甲与甲帽连为一体,把骑士的头部,包括前额和下颚都护在里面。在12世纪期间,一些上好的锁子甲做工精细,重要部位像前后胸等处由两层甚至三层甲组成。骑士大多喜欢锁子甲铁材的自然颜色,但也有人喜欢将之染成其他颜色。锁子甲的重量通常在14公斤左右。另外,骑士们大都喜欢在铠甲外面套上宽松布质斗篷或无袖长袍,以防铠甲雨天雨淋生锈,晴天日晒吸热。

到14世纪,铁叶甲逐渐代替锁子甲而成为铠甲的主流。铁叶甲是用一定厚度的铁板依照骑士身体各部位形状打造而成,前后胸处通常以大块甲片护住。铁甲之间由铆钉或铁铰链连接为一体,整个身体,包括手和脚都罩在铠甲之中,各部关节可活动。此类铠甲的甲片坚硬,表面光滑呈流线型,可更好地防御弓箭和长矛的攻击。铁叶甲的重量通常都超过22公斤,最重者达到40公斤左右。无论是锁子甲还是铁叶甲,在穿着时,里面一定要穿布质的软铠,防止铁铠磨伤皮肤。

头盔是防护装备的重要组成部分,当然也有骑士在作战中只戴锁子甲护帽而不用头盔。头盔也有发展演变的历史。中世纪早期的头盔比较简单,大多为圆形和锥形,有的头盔前沿处伸下一条护鼻铁。这类头盔也可戴在锁子甲护帽上。12世纪时的圆顶头盔,除双眼处有条缝隙外,整个头部和脸部都被罩住,面板处被凿出许多小孔,借以呼吸。13世纪,出现平顶圆筒形和罐形头盔,整个头、脸和颈部都被护住,此类头盔的重量近10公斤。如此重量的头盔,不是用头顶着,而是用双肩支撑,在双肩处用皮带或铁纽把其与铠甲连在一起。随着铁叶甲的出现,头盔也相应发生变化,与铁叶甲所用材料一致,颈部以上除眼睛外,都被罩住。这类头盔有些在鼻、嘴处突出,制成鸡嘴或狼嘴状,有些面部护甲能转到盔顶或旁边,

铁叶甲

左图：护鼻头盔。Kelly DeVries、Robert D. Smith《中世纪的武器》插图

右图：马上长矛比武头盔，13世纪。此头盔与战场上的头盔极为相似，但盔上的装饰只能被用于比武场。Richard Barber《骑士制度时代》插图

左图：带有护面甲的头盔。Kelly DeVries、Robert D. Smith《中世纪的武器》插图

右图：14世纪大头盔。Kelly DeVries、Robert D. Smith《中世纪的武器》插图

第四章 装 备

作战时可转过来护住面部。

盾牌是骑士另一个重要护卫工具。中世纪早期的盾牌基本沿用以往步兵盾牌的形状，大都为圆形或长方形。到10世纪末，盾牌出现站立鸢的形状，即上宽下窄，上边为半圆形。顶部最宽处宽度约60厘米，长度约1.5米，厚度15毫米左右，可护住马上骑士从肩到腿的一侧身体。此类盾牌从上到下中部隆起，材料多为质地坚硬的木板，用铁条、铆钉牢牢固定在一起。

12世纪中期，盾牌形状又有些变化，上边的半圆变成平直形，这种改变可开阔使用者的视野，同时，也减轻了盾牌的重量。由于全副武装的骑士在战场上很难辨认，因此，他们所持盾牌的正面往往要涂上各种颜色或绘上各种图案，以表明身份。11世纪以后，随着家族徽章的兴起，骑士们的盾牌图案越来越丰富，有狮子、鹰、鹿、十字架、对角线、花纹等，种类繁多，从而演化出后来的徽章学以及专门研究和管理徽章的机构。

女子在比武大赛中的游行盾牌，图案表现骑士恋爱情景

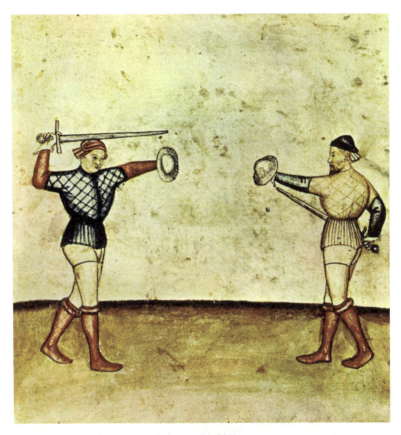

两名骑士手持小盾牌和长剑进行格斗，14世纪插画

第四章 装 备

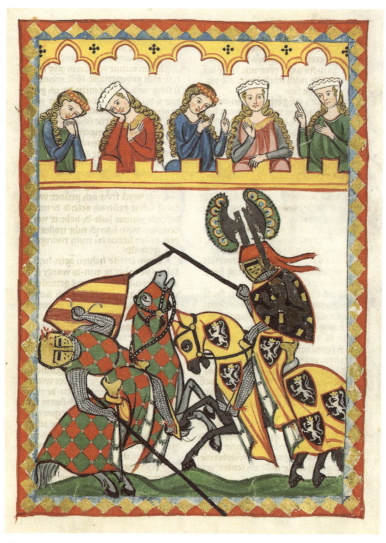

骑士手持盾牌进行马上长矛比武,贵妇人在观众席上观看。《马内塞古抄本》插图,14 世纪,海德堡大学图书馆藏

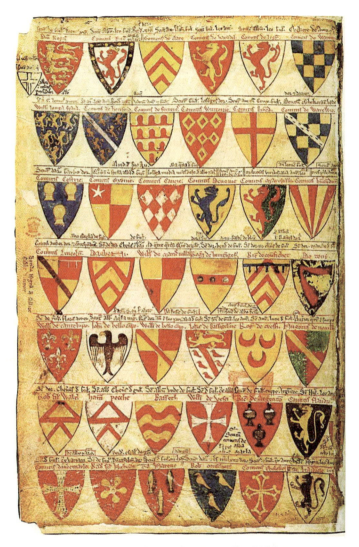

13世纪的盾牌。马赛·巴黎《编年史》插图,大英图书馆藏

第四章 装 备

## 昂贵的装备

骑士为领主服役时要全副武装，骑士的全套装备除了战马之外还有头盔、铠甲和各种武器等，从公元806年查理大帝关于封臣装备的详细记载中可看到，武器方面包括盾牌、长矛、剑、短剑、弓和箭袋等，此外还有"战争的服装和食品"。后来，法国、英国、德国的君主们对骑士装备都有进一步要求。可以说，骑士的装备是当时西欧军事装备的最高标准，因而其价格也非常昂贵。从里普阿尔法兰克人的法律条文中所反映的情况看，在公元8世纪中叶，一名全副武装的骑士所需基本装备大体价格如下：

头盔————————6索里达（solidi）
铠甲————————12索里达
剑和剑鞘——————7索里达
没有剑鞘的剑————3索里达
护腿————————6索里达
长矛和盾牌—————2索里达
战马————————12索里达。

从上面的价格表还不足以看出这些装备的昂贵程度，通过牛的价格比照可得到进一步理解。当时一头长着犄角的健壮公牛价格是2个索里达，一头长着犄角的健壮母牛价格在1—3个索里达之间。因此，装备一名全副武装的骑士所需费用大约为24头公牛的价格。这个价格对于普通农户来说是个巨大的数字，作为普通的生产劳动者，家里的耕牛是最为贵重的财产，很多农户根本买不起。

骑在马上全副武装的骑士，战马也有装备。Richard Barber《骑士制度时代》插图

支撑骑士如此昂贵的装备，需要足够的耕地。从公元805年《提恩维沃法令集》的条文中我们可了解到，全副武装者，至少要拥有12份采邑，大约为1.5—1.8平方千米土地。另外，从中世纪早期的其他材料可了解到，全副武装者需要有12胡符（Hufen）的耕地，1胡符大体相当于0.12平方千米。由此折算，也当有1.44平方千米左右的耕地。还有人对查理大帝时期骑士的总体花费进行估计，装备一名骑士并满足他平时和战时的各项耗费，大体需要1.5—2.5平方千米的耕地和大约100名农奴在此耕地上的劳作。如此规模的耕地数量，远远超过一般自由民的生产能力，自由民农户的土地拥有量通常在0.25—0.36平方千米左右，而人身非自由的农户所使用的土地量，有的不足0.1平方千米。

随着中世纪经济的发展，骑士的武器装备越来越昂贵和讲究，头盔和铠甲制造得越来越精良，铠甲从最初在兽皮上镶嵌铁片，到锁子甲，再到铁叶甲，工艺逐渐复杂，价格日趋昂贵。12世纪期间，随着手工业的发展，铠甲生产技术进一步提高，上乘锁子甲做工精细。12世纪中叶以后，有些骑士的战马也装备锁子甲。

随着骑士在战场上能力的增强和社会地位的提高，他们对战马的挑选更为讲究，战马在很大程度是主人身份的标志，有些类似我们今天通过汽车可判断其主人的身份和地位一样。骑士们对战马有着各种要求和讲究，从战马的外观形体和颜色到奔跑速度和载重能力，再到家族血统等都有评价标准。此外，拥有战马数量的多少，也是衡量骑士财富和社会地位的一项重要尺度。为了能够计算出战场上战马死伤所造成的经济损失，每名骑士的战马都有明码标价。公元1297年，有位叫杰拉德·德·莫尔的贵族骑士所拥有战马的数量及其标价如下：

工匠在作坊里制造锁子甲。1689年版画

一匹名为慕陶恩的战马，300镑。

从罗伯特的儿子路易斯处得到的一匹黑马，250镑。

从法国国王处得到的战马，125镑。

从佛兰德斯伯爵处得到的战马，225镑。

从丹得蒙德的威廉处得到的战马，120镑。

从纳慕尔的约翰处得到的战马，140镑。

一匹行军马，40镑。

装饰精美的战马。Gentile da Fabriano，1423 年

杰拉德所拥有的战马总价值为 1200 镑。从战马的来源、价格和数量可看出，杰拉德并非一般骑士，地位相当高。他手下的 21 名骑士和扈从，各自战马的价格从 120 镑到 12 镑不等。

对于骑士们来说，购买并饲养如此昂贵的战马都不是简单和容易的事情。除了马匹外，骑士们还必须全副武装。在早期阶段，他们的铠甲主要是锁子甲，有条件者辅以胸甲、肩甲和肘甲等，到 14 世纪以后，许多骑士穿铁叶甲，铁叶甲的价格要超过锁子甲。另外，骑士还要备有头盔、剑、长矛、丝绸狭长三角旗、帐篷、餐具，以及驮载这些东西的牲畜等。这些装备的价格也非常昂贵，以至于许多出身于

神圣罗马帝国皇帝马克西米连一世委托制作的骑马装甲。1494 年

贵族家庭的子弟由于无力承担这些装备花费而无法晋封为骑士。

骑士的装备是个巨大的经济需求。战马的价格只反映出单纯的购买价格，而战马喂养所需的草料，也是不容忽视的经济开销。战马要吃草，庄园中必须有草场。战马不能只吃草，还要吃料，马料通常是粮食，庄园农作物的种植比例中必须有一部分是养马的粮食。战马会死去，也会老得不能参加战斗，这往往需要花钱添购新马。除了战马，其他驮物的牲畜和用于行军、旅行的马匹也都有耗费。因而，在中世纪，装备一名骑士并满足其各项耗费，可是一笔不小的花销。

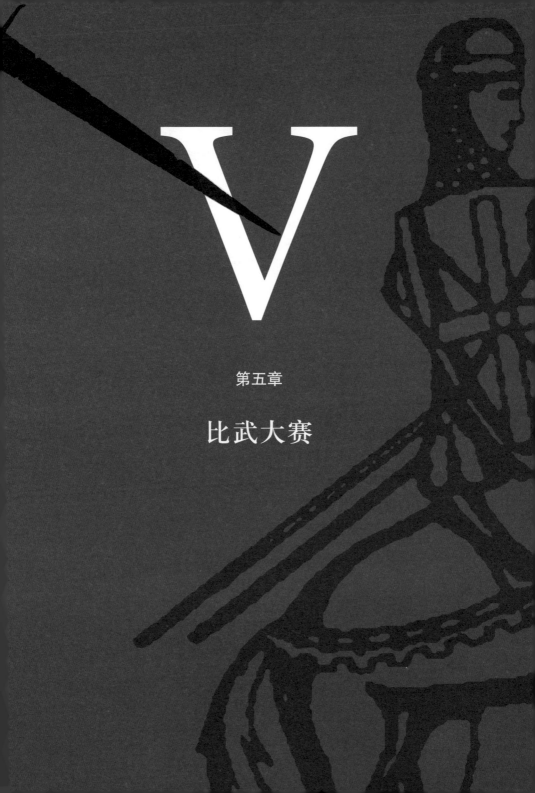

# V

第五章

## 比武大赛

骑士是军人，军人就要进行军事训练，比武以及比武大赛是骑士进行军事训练的重要科目。然而，在较为长期的历史过程中，骑士的比武大赛由当初单纯的军事训练逐渐转变为具有庆典和娱乐性质的社会活动。通过比武大赛，我们能看到骑士对利益和名誉的追求，也能看到骑士制度的兴衰过程。那么，比武大赛是什么时候出现的？其发展过程和具体内容如何？对骑士和当时社会都有哪些影响呢？

## 比武大赛的历史演变

比武大赛起源于何时，没有统一的说法，它的源头似乎可追溯到古日耳曼人的军事训练过程中，但直到公元9世纪，关于这方面的记载也非常匮乏，研究者很难把一些问题说清楚。在中世纪时，关于比武大赛起源的流行说法是，法国骑士乔夫理·德·普卢利开创了比武大赛，但这种说法并未得到学术界的普遍认同。到公元1100年左右，关于这方面的史料仍不详细。比武大赛开始有可靠的记载是在12世纪的20年代。因此，我们今天讲述比武大赛，暂且从12世纪20年代讲起，而实际活动肯定比这早得多。

一般认为比武大赛诞生于法国，因此，比武大赛中的主要项目——马上长矛比武（joust），被称为"法国式争斗"。这项活动从法国传到英国、德国等其他国家和地区。到12世纪后半期，关于这方面的记载多了起来，表明此时比武大赛已普遍展开。比武大赛不仅在欧洲的许多地区举办，而且随着十字军东征，这项活动也被带到东方。

13世纪以前，比武大赛非常粗野残暴，有些几乎与真正的战争无异，参赛的骑士使用的都是战场上的武器，伤亡之事时有发生。从总体看来，13世纪之前的比武大赛以实战训练为主，目的是以模仿战争的方式帮助参赛者适应战场上的各种情况。在13世纪以后，

尼德兰骑士的马上长矛比武。15世纪手稿画

比武赛场发生了相互残杀的行为,魔鬼正在夺取一个骑士的灵魂。中世纪手稿画

比武大赛向庆典和仪式型转变,参赛者往往借此表现自己的勇敢和武功技能,并更加侧重追求观众的赞赏。到14世纪,比武大赛各项程序已经十分完备,也非常复杂。

到15世纪末,随着甲胄向豪华亮丽、繁于装饰的方向发展,比武大赛更具庆典和观赏性,全副武装的骑士和战马在华丽而沉重的盔甲包装中,行动缓慢,形同机器。这种比武大赛更注重参赛者的安全,性质却发生根本变化。到16世纪,法国、英国、德国等国的君主们都曾竞相举办规模庞大、气势恢弘、豪华奢侈的比武盛会以炫耀其富有和强盛,从而也显示出这项活动已经失去了它存在的原始意义。至17世纪初期以后,作为娱乐庆典活动的比武大赛在西欧各国虽偶有出现,但作为骑士制度的一部分已经寿终正寝。在近代西方,尽管一些国家和地区仍有人模仿中世纪的比武大赛举行活动,但无论其内容还是目的都与中世纪的比武大赛相去甚远了。

## 比武大赛的程序

比武大赛的程序从简单到复杂，有个发展过程。早期比武大赛的材料和相关描述大多来自文学作品，后来的研究者们发现，如果剔除传奇色彩，文学作品中关于比武大赛的描述与史料记载的情况差不太多。比武大赛早期阶段的比武方式就是多样化的，但主要方式不外乎以下几种：1.两个军队之间包括骑兵和步兵在内的大规模厮杀；2.两个或三个小组之间骑马或不骑马的相互拼杀；3.两个骑士之间的马上长矛对刺；4.两个骑士间徒步使用各种武器进行的格斗，等等。在一次比武大赛中，可能几种形式都有，也可能有其中的两三种形式，或只有其中的一种形式，两个骑士骑马持矛对冲的比武最为普遍。比武的规模有大有小，有两个人之间的较量，也有数千人同时参加的混乱厮杀。有的是骑士间的私人争斗，有的是两个诸侯或两国间的较量。比武场地有用栅栏围起来的"竞技场"，也有事先指定的方圆几里或两个城市之间包括村庄在内的一片地区。另外，比武大赛的时间长短也不统一，有的比赛只举行一天甚至几个小时，程序简单场面也小，有的则举办数个星期，程序较复杂，排场也较大。

在 12 世纪，比武大赛的过程表现得非常粗野和残暴，有些比武几乎与真正的战争差不多，参赛的骑士们使用的都是战场上的武器，比赛规则非常简单，甚至有的比赛不设裁判员，双方骑士们上来就开打，场面乱作一团，喊杀声震天。参赛者伤亡之事经常发生，其中不乏王室成员和大贵族。还有些比武大赛在进行的过程中由于双方打红了眼，结果演变成真正的战争。在 1273 年，查隆伯爵在其领地举办的比武大赛由于失去控制，便演变成战争，双方的步兵也投

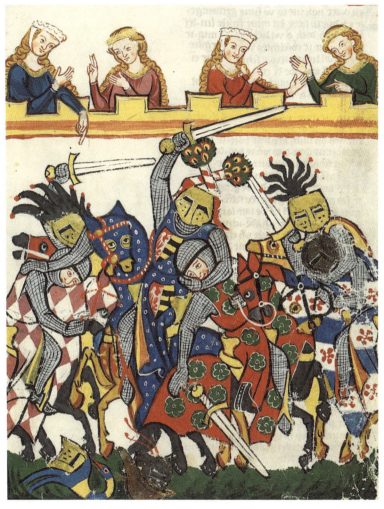

比武大赛现场,贵妇人在台上观看。《马内塞古抄本》插图,14世纪,海德堡大学图书馆藏

德国骑士的比武大赛。15世纪插画

第五章　比武大赛

入战斗,结果伤亡惨重,甚至殃及周围的观众。此次比武大赛被后人称为"查隆战役"。尽管早期的比武大赛类似于战争,但与战争相比仍有本质的区别。首先,在比赛之前,双方要就各方面事宜做出商定;其次,参赛者较少迁怒于没有与自己交手的人;此外,比赛场地设有安全区,参赛者在比赛过程中可随时进入安全区休息和医治创伤,对方不得在此地进行攻击。到14世纪,比武大赛造成伤亡的现象才有明显减少。

在13世纪,比武大赛各种规则逐渐建立并完善。参赛者所使用武器的种类受到限制。起初,除长矛和剑之外,战斧、狼牙锤、铁棍等也都可作为比赛武器,但随着比赛的规范化,有些比武只限使用长矛和剑。到13世纪末,许多地方为了避免伤亡,开始使用钝头武器,即所谓"礼貌"武器。此外,参赛各方人数受到限制,以往几百人甚至上千人的混乱厮杀,被限制在各方最多不超过一百人左右,并且后来人数越来越受到限制。同时,一对一的马上长矛对刺逐渐普遍化,并成为比武的典型方式。这类方式起初是以把对方刺下马来为胜,后来规则不断增加,出现打分制,刺中对方的指定部位、长矛折断的数量、遵守规则等都是得分的依据。

13世纪以后,比武大赛的规则向复杂化发展,赛前要发布挑战通知、划定并建造赛场、安排赛程、规定使用的武器、明确比武规则、制定评分标准和颁发奖品办法等等。其中,比赛中的规则越来越详细,例如,击中对方马鞍的前挡,属于犯规,将减去犯规者用于参赛长矛的数量;如果击中对方的战马,会遭到耻笑,并被极不光彩地驱逐出竞技场;如果参赛者把长矛固定在铁甲手套上,将被取消比赛资格。对观众也有规定,如不得携带武器,像石头这类东西也不得带入场内。

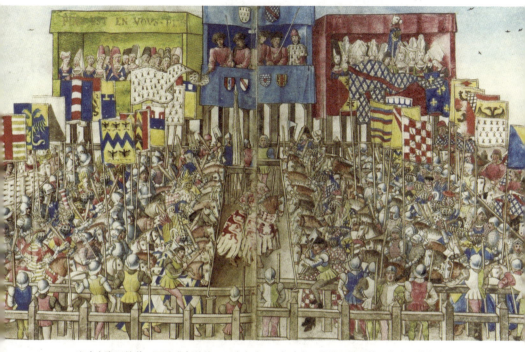

比武大赛开始前：两队准备就绪；双方各有 24 名骑士，分属不同团体，每个团体都有旗帜和徽标；场上有一个供四位评委使用的中央观众席，两边各有一个供女士观看的包厢。包厢上刻的是 Gruuthuse 家族的座右铭。《雷内国王的比赛手册》插图，15 世纪

　　从 14 世纪末到 17 世纪初，比武大赛更具观赏、娱乐和庆典特征。1390 年，英王理查德二世在伦敦举办一场规模宏大的比武大赛，事先由传令官和使节到各地各国通知，吸引了许多国家的骑士都前来参赛。比赛以规模宏大的游行仪式开始，60 名穿着统一华丽制服的扈从骑着战马组成色彩缤纷的仪仗队。还有 60 名身穿节日盛装的贵妇人，骑着骏马行进在游行队伍中。来自欧洲各地区和各国的骑士们全副武装、威武雄壮，嘹亮的军号和歌声响彻云霄。在比武过

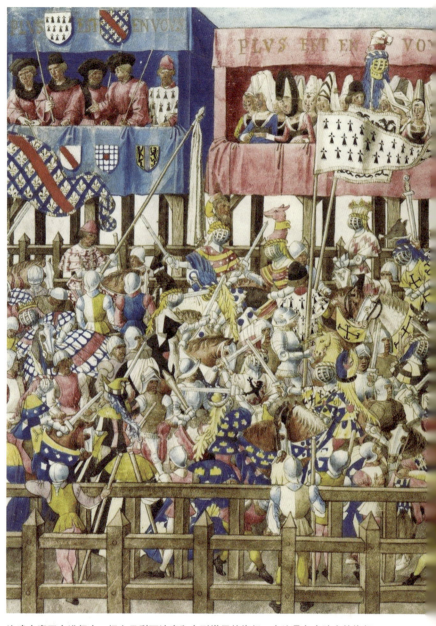

比武大赛正在进行中:场上只剩下波旁和布列塔尼的旗帜,右边是各个骑士的旗帜。《雷内国王的比赛手册》插图,15世纪

第五章　比武大赛

程中，60名骑士用"礼貌"长矛迎战所有挑战者。在大赛过程中，还穿插着扈从比武、宴会、舞会和其他娱乐活动。比武结束，由贵妇人们主持颁奖。整个比武大赛从始至终洋溢着欢快、热烈的气氛。此时的大赛，已经更多是庆典和娱乐性质的活动，而比武则成了其中带有表演性质的节目。

**骑士为何热衷于比武大赛？**

比武大赛从最初便遭到教会的强烈反对，某些君主也从自身利益考虑颁布法令禁止比武大赛，但是，这项活动在数百年里不曾间断，且不断得到发展，其主要原因与骑士们对这种活动的酷爱和感兴趣有关。

首先，比武大赛可帮助骑士提高作战能力。像比武大赛这样的实战训练可明显提高骑士在战场上的各方面能力，帮助他们克服恐惧感、充分发挥战术水平、增加实战经验、尽力避免被俘和伤亡等。骑士的作战技能比起步兵来要复杂得多，这既需要他们从小开始进行系统的军事训练，也需要经常性地模仿战争进行实战演练，而比武大赛便是这种实战演练的最好方法，比武大赛成为骑士的必修课。

其次，比武大赛为骑士们提供了赢得荣誉的机会。参加比武大赛可向公众展示武功技能和勇气，从而赢得荣誉。骑士重视荣誉，荣誉是提高社会地位、获取各种利益的重要条件。与真正的战争和十字军东征相比，通过比武可以更容易更快捷地获取荣誉。骑士还可通过比武获得某位领主或国王的赏识重用。获取荣誉和赢得称赞驱使骑士们积极参加比武大赛。

再次，参加比武大赛有机会吸引贵妇人的注意，还有可能赢得她们的爱情。贵族女性是比武大赛的热情观赏者，也参与赛程的某些环节以及颁奖活动。贵妇人在观看比赛时，都穿上节日的盛装，打扮得花枝招展，被安排在舒适的位置。在观看比赛的过程中，她们还常常毫不掩饰地为自己所喜爱和仰慕的骑士呐喊助威，向他们抛投衣袖、手套、丝带或腰带等物品，以示爱慕之情。这些都极大地激发起骑士们参加比武大赛的热情，有些骑士参赛的目的就是为了向其爱恋的女人展示威猛气质和求爱的决心。为此，有些骑士把情人的信物戴在头盔上或缝在衣服上，还有的把女人的衣服袖子作为旗帜打出，以表示自己的意愿。此外，比武大赛还为骑士追求贵妇人提供了良好机会，比赛间歇的宴会、舞会以及其他娱乐活动，为骑士与贵妇人的接触、交流创造了条件，亚瑟王传奇中武功盖世的兰斯洛特与王后的爱情故事，就是从比武大赛中俩人一见钟情开始的。

此外，后期比武大赛越来越多的娱乐内容也是吸引骑士们踊跃参加的原因。13世纪以后，比武大赛出现娱乐内容，有的比赛安排人穿戴亚瑟王传奇中的服装，并按照其中的一些故事情景设计场地和程序，有的比武场景如同传奇故事中的戏剧场面。此外，在大赛期间往往会有行吟诗人、戏剧表演班子等进行各种娱乐表演，比武场外以及比武的闲暇时间，歌声不断，笑声四起。再有，像宴会、舞会这类活动，都是骑士们不愿放过的娱乐机会。

比武大赛还是发财的机会，特别是那些武功高强的骑士能通过比武发家致富。起初，比武场上的一些规则与战争相仿，战败者要向获胜者交纳赎金，战败者的马匹、铠甲、武器等都是获胜者的战利品。这刺激了骑士参赛的积极性，有些骑士把参加比武作为发家致富的好机会，英国著名骑士威廉·马歇尔在年轻时就曾通过到各

贵妇人来到比武大赛现场,观看骑士马上长矛比武。18世纪油画

第五章 比武大赛

获胜者从贵妇人手中赢得胜利的花冠。《马内塞古抄本》，14世纪，海德堡大学图书馆藏

地比武发了大财并获得很高的荣誉。

随着这项活动向庆典和仪式方向发展,比武大赛又成了许多君主和大诸侯们进行社交活动和炫耀实力的手段。16世纪初,英国的亨利八世、法国的法兰西斯一世和神圣罗马帝国皇帝马克西米连一世都是比武大赛的积极组织者和参与者,由他们组织和参加的比武大赛规模宏大、奢侈气派,极大地推动了这项活动的展开,不过,他们所推动的是讲究排场的豪华的庆典和仪式。

法王亨利二世游行时所穿的盔甲。1553—1555 年,纽约大都会艺术博物馆藏

英王亨利八世所穿骑士盔甲。1544 年，纽约大都会艺术博物馆藏

# VI

第六章

征 战

军事活动是骑士生活的最主要内容，而军事活动的核心则是征战，在战场上的厮杀是体现骑士社会和自身价值的关键所在。中世纪的战争有其时代特征，那么，骑士在奔赴战场过程中的组织和行军宿营的情况如何？战斗中的阵法和技能是什么样子？他们在十字军东征过程中如何作战？他们怎样攻城？

## 军事组织

骑士的军事组织,不能用今天军队的编制来衡量,其内部的组织关系和结构大体上与土地分封、主从关系、行政机构等方面的内容结合在一起,实际上带有经济、政治、私人隶属等各个方面的特征;同时,骑士集团内部的组织关系和相互义务,也体现在领主与附庸之间的关系中。

骑士军队中的许多现象源于日耳曼人的军事传统,日耳曼人首领与军事伙伴间关系影响了骑士军队内部关系。骑士组织结构的建立也受到罗马的影响。罗马帝国后期,一些有势力的中央和地方贵族,为了使自己的利益和生命财产得到保护,利用经济和政治实力庇护社会地位低下的自由民,让他们以服兵役方式为自己提供安全保卫,受庇护者由此能得到这位贵族的经济支持和庇护,他们之间结成主从关系。

公元6—7世纪,当法兰克国家政局混乱之时,地位低下、力量弱小者委身于某位有势力者寻求庇护的现象更加普遍。为了表明委身者与领主关系的严肃性,双方往往举行一种仪式,委身者把双手放在领主的双手之间,表示他的臣服。后来,这种形式被进一步发展为中世纪的"臣服礼"。

公元8世纪初,查理·马特担任宫相,执掌了法兰克王国的统

骑士授职仪式。《骑士制度规则》木刻插图,1510 年

治权力,并开展所谓"采邑改革",实际上是借助对土地使用权的重新分配,开展军事制度改革。君主在理论上是最高的土地所有者,采邑从国王往下层层分封,国王把土地分给公爵一级的贵族;公爵等又把所得到的部分土地再往下分封给伯爵一级的贵族;伯爵们再把一部分土地往下分封给子爵、男爵等贵族;子爵、男爵再往下分给一般骑士。因而,上自国王下至一般骑士,形成金字塔似的等级结构,贯穿整个塔身的核心是以土地为主要形式的经济利益分配。上下各层通过采邑分封形成主从关系,即领主与附庸关系。附庸从领主手中领得采邑,他只对封给他采邑的直接领主负责,而对领主的领主并没有直接隶属关系,领主对附庸的附庸也没有越级操纵的权力,故有"我的附庸的附庸不是我的附庸"之说。这种特殊的等

哈罗德二世，盎格鲁—撒克逊时期韦塞克斯王国的末代君主向登上英格兰王位的诺曼底公爵宣誓效忠。《贝叶挂毯》（局部），11世纪

级制度既是西欧封建贵族等级制度，也是骑士军队的组织制度。

由此我们可以大体看出，骑士军队最初的内部组织结构中，国王作为骑士军队的最高统帅，统辖着全国的骑士，而实际上这种统辖除了对王室领地上的骑士外，对其他骑士只是名义上的，对骑士的真正指挥权存在于各阶层的领主与直接附庸之间。国王的军事指挥权，并非一通到底。

这种军事组织结构存在着分崩离析的隐患。查理帝国迅速瓦解与这种军事制度有关。1066年"诺曼征服"后，征服者威廉试图让所有骑士直接听他调遣，他要求所有获得土地的骑士向他效忠宣誓。征服者威廉及其后代已认识到欧洲大陆骑士军队内部组织结构的弊端。

## 行军

行军是军事行动中的重要组成部分,由于与步兵作战方式不同,骑士的军事行动有其特殊性,并具体表现在行军和打仗的过程中。

西欧中世纪的军队总体可分为骑兵和步兵,骑士是骑兵军队中最重要部分,也是整个军队最具战斗力的兵种。在行军途中,整个军队大体被分为四部分,最前面是先头部队,包括散兵和侦察兵,他们的任务是在前面开路,察看地形和打探消息。随后,与之保持一定距离的是主力部队,是全军的核心,最高军事统帅处在其中。主力部队之后是后勤部队,包括驮着帐篷、粮食、衣服等物品的骡马,也有伤病人员。处于最后的是后卫部队,其职责是防止敌人从后面袭击。行军过程中,军队各部的信息联系主要通过号角。

行军过程中,必须严格遵守各项规定。夜间行军,必须保持安静,每个人要靠近自己的武器装备行进。白天行军,骑士们可以相互交谈,但不得几个人并行。如果某骑士或扈从在夜间与自己所在军事小组失去联系,他必须待在目前所处军事小组,直到天亮。没得到允许,任何人不可擅自离开他的军事小组去饮马或干其他事情。如果在行军途中通过一条河流,又处于安全地带,在不耽搁总的行军速度前提下,可允许战马和其他牲畜饮水,如果是在危险地带,行军队伍必须迅速前进。骑士是否可以停下来饮马,看前面持旗者而定,如果持旗者停下来饮马,其他人也可以这样做。

行军过程中,安营扎寨是重要的事情。荒郊野外,或战场附近,或围攻的城池周围,都可能成为安营驻扎的场地。营寨主要由帐篷组成,搭建帐篷所用绳索、帆布、木桩等都用马匹和骡子驮来,由

军队和装备的转移。贝叶挂毯（局部），11世纪

扈从和步兵们负责。营寨帐篷的搭建大体分为两部分，居于营寨中心地带的是军事统帅居住的和教堂所在的帐篷，它们的体积较大，而围绕其周围的较小帐篷则是骑士、扈从和其他兵士们居住的场所。通常，地位越低，住的地点越远离中心。处于营寨中心的国王或诸侯们的帐篷，体积大，通常呈圆形，中心用柱子撑起，使帆布向四周展开，周围用绳索系在木桩上。国王或大贵族的帐篷，也常有奢侈的装饰，有的在帐篷外顶尖处装饰有家族徽章标志。

圣殿骑士团关于宿营的纪律规定：选定安营地后，小教堂、统帅、领主的帐篷要最先搭建，当这些帐篷的主人已经住进去后，其他人才可以搭建帐篷，每个军事小组的帐篷必须搭在指定的地点。在搭建帐篷过程中，任何人没得到司令官的准许，不得擅自行动，也不得派遣其随从到附近寻找草料和木材等。

营寨的周围通常挖出较宽且深的壕沟作为防护屏障，而且日夜

十字军安营扎寨。《罗兰之歌》插图

中世纪的营寨。14世纪手稿画

都有许多岗哨站岗。这种营寨只能作为临时性的军事行动基地,其抵御暴风雨等自然灾害和敌人攻击的能力都很有限。敌人如果在夜间突然偷袭,很容易造成营寨内的混乱,帐篷和粮草等物资的收拾和装载是非常麻烦的事情。

## 战斗

战役打响之前,随军的神甫要举行宗教仪式,为骑士们祈祷和祝福,骑士也会进行忏悔、祷告。宗教仪式结束后,他们相互拥抱,互祝平安。在冲锋之前,指挥官要把部队分成几部分,通常,排在前面的为进攻部队,后面的是守卫部队,另有一部分为机动部队,用于撤退和进攻时的辅助,或在必要时替换其他部队投入战斗。每个部队又分成几个作战单位,作战单位的人数依据军队和作战环境而定,通常是十余名或几十名骑士组成一个"旗阵",这样的人数便于骑士发挥战术水平。为了保持集体冲击力,减少伤亡,增强骑士的安全感,队形排列非常紧密,中世纪有诗歌对这方面进行描写:"他们的排列如此紧密,以至扔一只手套在他们的头盔上,一英里之内不能落地。"一个"旗阵"设一名指挥官,常以旗帜为指挥信号。

进攻的命令用什么方式发布,不同的时期不同国家不大一样。早在墨洛温时代,发布军事命令使用号角,在加洛林王朝时期也使用这种方式。到后来,在许多地区,使用军旗发布命令。军旗用于进攻、停止进攻等命令的发布,也用于安营扎寨等命令的传达。在战斗中,骑士们围绕旗帜展开战斗,旗帜成为军队的灵魂,因而,执旗和护卫军旗是战斗中的特殊任务,由武艺高强的骑士们执行。

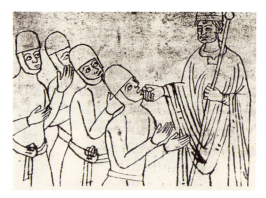

战斗之前,神甫举行圣餐礼。12世纪手稿画

在使用号角传达命令方面,各地区军队的方式也不尽相同。例如,在十字军东征时期的中东地区,第一次号角声是命令每个战士开始装备;第二次号角声是要求各旗队和方阵必须排好队列;第三次号角声是督促整个军队组合在一起。而在其他一些地区,第一次号角声的含义为准备好武器,再一次军号声则为进攻开始。另外,还有些记载说,英王爱德华三世军队的发令规则是:第一次号角声后,战马必须备好马鞍;第二次,军队必须装备完毕;第三次,必须上马并排好队形。号角在中世纪的军事信息传递方面具有重要作用。中世纪的通讯方法除了号角、旗帜外,还有轻骑快递和信鸽,但信鸽很容易被敌方的猎鹰擒获。

在战场上,骑士排列成密集队形展开进攻,其队形的密集程度被当时《武功歌》不无夸张地形容成:长矛密集如林,"风都不能从中吹过"。队形之所以密集排列,是为了便于抵御对方的冲击,并更好地保证安全。但是,这种密集排列的队形,规模不宜过大,否则会妨碍骑士冲锋的效果。因而,在战场上,把骑士军队分成小的作战单位,每个单位以某个领主的旗帜为标志,构成一个旗阵,

在1346年8月26日的克雷西战役（英法百年战争期间的一场经典战役）中，英法两国骑士以密集队形展开厮杀。手稿画，约1415年

每个旗阵人数从30到80不等，视作战条件而定。

然而，骑士如同装甲车似的装备，使他们有可能成为战场上以一名骑士为核心附以扈从的最基本的作战单位。由于骑士在穿戴笨重的盔甲时需要有人帮助，上马的时候最好有人帮助牵马，上马后仍需有人递给他长矛，战斗中长矛折断还需有人及时递上新长矛，因此，骑士在战场上需要有扈从配合，组成一个作战单位。一名骑士究竟该配备几名扈从，不同地点、不同的战争、不同领主的军队

英国埃克塞特大教堂的理查德·斯塔普尔顿爵士（卒于1326年）的纪念碑浮雕：一名扈从牵着骑士的马

都各不相同。从圣殿骑士团的规则可看到，每名骑士伴有两名扈从，一名站在骑士前面帮助他持矛、牵马，另一名站在骑士后面牵着骑士其余的马匹。在战斗开始之后，一部分扈从要奔跑着随各自骑士冲锋并及时递上长矛，另一部分扈从要听从专门指挥官的调遣。最初，扈从不戴头盔也没有铠甲，通常不允许参加战斗，尽管后来他们可投入战斗，但只允许使用轻便的长矛，不得骑马，并且只能轻

为骑士擦拭盔甲的扈从。19 世纪油画

装上阵,因此,扈从在战场上很容易伤亡。到了中世纪后期,扈从也骑马作战,其装备几乎与骑士无异。在十字军东征期间,由于伊斯兰教徒的军队大多为轻骑兵,比西方重装骑士进攻和撤离的速度快,因此,在一些战役中,指挥官严禁骑士各自为战、脱离作战单位进行冲杀。

当两军排开阵势,冲锋号响起,双方几乎同时冲杀。他们催马持矛向前奔驰,很快便冲入敌人阵营中,喊杀声、武器的撞击声响成一片。其场面如中世纪叙事诗中的描写:"大量长矛被折断,许多骑士在极度痛苦中死去。"骑士们在奋力拼杀的同时,嘴里不时地喊着口号,在十字军东征的战斗中,每个团队都有自己特殊的战斗口号,法国人的战斗口号是"Montjoie",勃艮第人呐喊的口号是"Bourgogne",布列塔尼人喊的是"Malo",其他各地的十字军骑士大多喊saint sepulchre。骑士冲锋,讲究一次性的致命打击,不同于我国古代将领之间在马上几十个回合的拼杀。骑士第一次冲击过后,要转回头来组织再一次进攻。战役的胜利与失败往往取决于指挥

骑士持长矛冲锋。12世纪手稿画

英法百年战争期间,骑在马上的骑士压着战俘和战利品。中世纪手稿画

官或国王的生与死,或军旗是否还矗立着。

从军事角度讲,骑士可谓是战争的动物、战争的工具、战争的机器。他们的天职是战争,他们活着就要战斗,他们中许多人也死于战争。战争能给他们带来很多好处,武功高强、英勇善战者能得到领主的赏识,衣食无忧,战争中的战利品是发家致富的重要途径;对外战争可获得土地、财富和金银财宝;战争还能使他们获得崇高的荣誉。总之,能给他们带来机会和各种利益的只有战争。因此,骑士们喜欢战争,许多骑士在战场上能找到兴奋的感觉。有了战争,他们吃得更香、睡得更沉、心情更愉快。

骑士有着巨大的社会号召力,他们的喜好、行为和观念影响着整个世俗社会。他们崇尚武功、乐于冒险的行为逐渐形成时尚,并成为西方社会的传统。西欧中世纪由于骑士集团的存在,战争不断。当骑士退出历史舞台后,他们的尚武精神流传下来,对后来新航路的开辟、殖民掠夺、争夺世界霸权、发动世界大战等都产生了潜移默化的影响。

## 攻城

城堡的军事功能主要是防卫,这种防卫是针对敌方的进攻而言,那么,围绕城堡的攻守问题,即如何攻城和守城,则有许多话题。中世纪,城堡不同,各方面条件不同,攻城的方式也会各异,有的会使用各种计谋,里应外合,瓦解军心,造成内讧;也有围而不攻,使城堡耗尽供给,不攻自破;还有的会采取强攻,以优势兵力把城堡团团围住,以雷霆万钧之力攻下。此外,也不乏水攻、火攻,向城堡抛投死猫烂狗腐尸人头,传播瘟疫,动摇守军军心。攻城是一门艰难和复杂的军事行动。

攻城的第一步是围城,隔绝城堡与外界的联系,如果能长时间围困,即可达到攻击的作用。城堡长期被围,得不到外援,会使守城者耗尽资源,丧失斗志。

城堡被围困后,如果有护城河,首先要填埋,所使用的材料主要是土石,如果附近有树木,用树木填埋可以减少劳动强度,节省时间。如果有旧船可沉入水底,也能加快填埋速度。填埋护城河,目的是使攻城的战士和各种攻城器械能够靠近城墙,这样才能形成有实效的攻击。在攻城者填埋护城河过程中,城堡中的守军会用箭、弩射击,干扰其行动。当某段护城河被填埋得差不多后,攻城者会

攻城。中世纪手稿画

使用攻城锤捣毁城墙。攻城锤是一种较为原始的攻城器械,制造原理和使用方法都很简单,其主要材料是一根粗壮的木梁,长度7—30米不等,木梁的前面包装有铁头,整个木梁用铁链吊在牢固的木架子上,木梁可前后平行摆动,攻城者站在木梁两边用力来回推动木梁,使其铁头反复撞击城墙,直至把城墙撞穿。这种方法并非轻而易举,需要士兵们连续奋战许多天。此间,城上的守军会奋力阻止这种攻击,巨石、箭镞、燃烧的沥青会从城上倾泻而下。因此,攻城锤架子上方必须建有宽大厚重的棚盖,棚盖上面还要蒙上兽皮以防火攻。为了对付攻城锤,守城者会采取相应措施,其中一种方式是,用带铁钩子的绳索从城墙上钩住攻城锤木梁的前端,并迅速拉起,使攻城锤后端触地,无法继续使用。

攻城也要考虑从城墙顶端攻入,最原始的办法是架设云梯,在弓箭手们密集射击的配合下,士兵们将云梯架在城头,然后以最快

骑士使用攻城锤攻城。17世纪版画

的速度逐级向上攀登。此种方式危险极大,因为进攻者很容易受到城墙上飞石、滚木、箭镞的伤害。此外,云梯容易被推离城墙或折断,造成正在攀登者的伤亡。再有,即便攻城者攀上城头,由于后续者无法立即形成一定人数的有效增援,最初攀上城头者往往会被对方迅速置于死地,或被掀下城墙。比云梯先进些的设备是攻城塔,它是一座体积庞大的木质塔楼,其高度要高出城墙。攻城塔内

骑士力图通过云梯登上被大炮轰破的城墙,遭到守城战士的顽强抵抗,伤亡惨重。中世纪插画

第六章 征 战

分上下几层，有阶梯通到上面。规模较大的攻城塔，内设五层，能容纳300名骑士和50名弓箭手。塔上有顶盖，前、左、右三面是带有射箭孔的护板，顶盖和护板外面钉些兽皮，防御火攻。最高一层的底面与所攻城墙顶端高度相仿，并且面对城墙顶端的护板是可以放下的吊桥，当它搭上城头后，能承受住50余名全副武装的骑士同时冲出。有的攻城塔下面装有攻城锤，上面发动进攻的同时，下面的人捣城，形成立体攻势。一旦攻城塔固定到位，攻城塔上的吊桥轰然打开，攻守双方近距离交战便开始，守城者会奋勇阻击，双方在城墙上展开厮杀，战士的呐喊声掺杂武器的撞击声，震耳欲聋。

攻城过程中还有一些特制武器，在火炮使用之前，主要是投石器，其功效不仅可击毁城墙，还能将巨石或无数的碎石越过城墙抛入城堡中，对守军和城堡内的设施造成严重的打击和破坏。这类大型的投石器分两种，一种是抛石器，另一种是弹石器。抛石器的基本构造是，把一根很长的木

中世纪英国骑士使用的攻城塔。19世纪版画

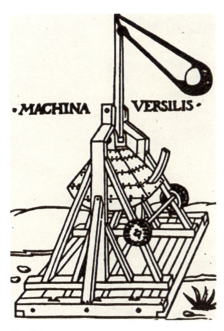

抛石器

梁用可转动的轴固定在梯形木架上，木梁距中轴短的一端装有重物，而距中轴长的一端顶头装有投石容器。当准备发射时，把木梁长的一端向攻击目标相反的方向压下来，装上石头，松开机关，利用木梁另一端的重量，使这一端弹起，石头便向目标飞去。用此方式也可发射一些经过油料浸泡的燃烧物，就是当时极具威力的"火弹"。

弹石器的设计原理是，利用粗壮绳索的绞绕，产生反作用力，把石头弹击出去。具体做法是，用一根木梁，在顶端设有容器，用来装石头或其他攻击物，另一端设在被强劲缠绕的绳索之间，绳索被固定在坚实的木架上，当木梁被反向搬过来时，缠绕的绳索能产生强大的反作用力，用这种力量把石头弹射出去。

还有一种射石器，其形状是一个巨大的弓，它被平设在牢固的木架上，用人力或畜力把弓弦拉开固定在机关上，在弓弦中部的容器中放上巨石，然后放开机关，使石头发射出去，威力巨大。

射石器

821年,一艘拜占庭叛军舰船用希腊火攻击拜占庭船只。约翰·思利特扎《拜占庭史》插图,12世纪

中世纪的攻城战也使用希腊火。希腊火由拜占庭的希腊人发明于公元7世纪前后,所使用的原料目前说法不一。有人认为是把硫黄、石油、生石灰等原料装在铜管中,点燃后向外喷火。在攻城或守城的过程中,这种武器能发挥相当大的功效,声音巨大,如同"晴天霹雳"。

对城堡威胁最大的武器是火炮,火炮的起源可追溯到中国人

1429 年英军围攻奥尔良时使用火炮攻城。Martial d'Auvergne, 1493 年

发明的火药。在西方，关于火药的记载出现在 1260 年英国人罗杰尔·培根的著作中。14 世纪中叶，火枪在意大利被使用。1346 年，在克雷西战役中，英国军队已使用加农火炮。1453 年，当土耳其苏丹穆罕默德二世围攻君士坦丁堡时，令其军队制造巨型火炮，炮筒长达 8 米左右，每枚炮弹的重量达半吨左右，射程达 1 公里。火炮对城堡的威胁是前所未有的。

在攻城中，也可选择挖掘地道的方式。是否挖掘地道攻城，要看具体情况而定，既要看城堡所处的位置是否便于从地底下突破，也要看其所在地方土质条件是否适合挖地道，还要看是否有足够的时间采用这种耗时费力的方法。挖地道最重要的技术是保证线路和地点的准确，深入地下进行挖掘，准确的定位十分重要，要确保按计划毁掉某段城墙。当挖到既定城墙下，巷道面积要扩大，以保证上面的城墙能够坍塌。巷道上面土层要保留合适的厚度，并用木板垫着，用木桩撑住，防止过早塌陷。挖掘结束后，在各个支撑的木桩周围放上干草、刨花、动物油脂、沥青之类易燃品，点燃后迅速撤离。当支撑的木桩烧毁后，地陷城塌。

## 十字军东征

十字军东征是漫长复杂的历史过程，在此不可能进行较为详细和全面的描述，以下我们仅通过最为典型的第一次东征，对骑士的军事行动做初步描述。

1096 年春，最迫不及待踏上东征征程的是贫苦的农民和一些穷困的骑士，这支沿途自发汇集而成的队伍，没有像样的武器，没有严格的组织，没有充足的粮草，他们一路抢劫，同时也遭到各地方势力的围剿，还没到达东方目的地，人数就由最初的数万减少到几千，对东方异教国家并没构成威胁。

1096 年末，法国、德国、英国的骑士们十余万人组成军队，兵分几路向东方进发。1097 年春，他们先后抵达君士坦丁堡，这些骑士毫不客气的行为，使拜占庭皇帝大为恐慌，匆忙打发他们开往小亚细亚。

1097年10月21日,十字军第一次围攻安条克。塞巴斯蒂安·马梅洛特《海外远征》插图,1472—1475年

进入亚洲后，攻打安条克城是一场非常重要的战役，在这次战役中十字军遭到伊斯兰教徒的顽强抵抗，损失惨重。1097年10月，十字军抵达叙利亚的安条克城。它是地中海东岸地区最大的城市之一。安条克城地处交通要道，为历代兵家必争之地，该城被建造得异常坚固。据记载，其城墙高耸云端，顶端可并行四匹战马，易守难攻。从1097年10月到第二年的5月，十字军对该城久攻不下。由于粮草短缺，十字军不得不以野菜、死马充饥，再加上天气炎热，瘟疫蔓延，病亡严重。当十字军一筹莫展之时，有消息传来，巴格达突厥苏丹派大将克波加率20万大军前来增援安条克城内守军。在危急局面下，十字军内部各派紧急协商，并使用各种方法买通了守卫该城西部一处塔楼的指挥官。1098年6月3日夜，狂风暴雨大作，十字军围城猛攻，同时派小股部队由买通的内线带领潜入城中，入城的部队在黎明时分奋力打开城门，里应外合，攻下此城。

攻入城后，骑士们对伊斯兰教徒展开大肆屠杀和抢劫，并在狂欢中把城内仅存的一些食物吃得精光。当十字军还在欢庆胜利之时，克波加率领20万大军赶到，又将安条克城团团围住，这回轮到十字军守城。此时，安条克城已历经了七个多月的战争，再加上十字军的烧杀抢劫，城市设施遭到严重破坏，更为严重的是，城内的食品供应已经断绝，十字军陷入绝境。长时间的征战也使西方骑士伤亡惨重，疲惫不堪。没有粮食，他们不得不以草根树皮甚至死人肉充饥，士气极度低落，一些骑士在深夜用绳索坠城逃亡。后来，十字军在教士彼得·巴托罗缪所编造的"圣矛"故事的鼓舞下，士气大振，击溃了前来围城的突厥军队，赢得了这场守城战役的胜利。

攻占了安条克，下一个重要目标就是耶路撒冷城。自十字军侵入亚洲后，一路攻城略地，需要留人把守，再加之人员伤亡，抵达

穆斯林守卫安条克城,抵御十字军的围攻。中世纪手稿画

耶路撒冷的十字军骑士仅余六千多人,步兵三万余人。而耶路撒冷城设施坚固,守卫森严,伊斯兰教徒守军不下四万人。据编年史家记载,1099年6月6日,当一路遭受饥饿、瘟疫、伤亡的十字军到达耶路撒冷城郊,看到这座圣城时,有的激动喜悦,有的痛哭流涕,有的匍匐吻地,有的跪地膜拜,情绪都异常亢奋。

攻城过程中,十字军遭到守城者的顽强反击,守卫者用巨石、热油以及刀枪弓箭等还击入侵者,一度使十字军的攻城毫无进展。后来军中又流传所谓"神迹",其中之一说,在耶稣受难的山上,耶稣显灵,他通身金光闪烁,并用盾牌指向耶路撒冷城。杜撰这类

1099 年，十字军围攻耶路撒冷。中世纪手稿画

1099年,为争夺耶路撒冷城穆斯林与十字军展开战斗。中世纪手稿画

传说的目的无疑是为了鼓舞十字军的士气。经过三十多个昼夜的狂攻,1099年7月15日,耶路撒冷城陷落,十字军展开屠城和抢劫。

骑士们冲进国王奥马的清真寺,搜寻从前听说过的珍宝,并大肆屠杀这里的穆斯林和犹太人。清真寺中血流成河,"鲜血漫及马上骑士的双膝和战马的下颚"。他们见人便杀,无论男女老幼,并把抢到的最有价值的珍宝私自隐藏起来。大屠杀后,十字军分头闯入市民家中抢夺财物,并定下规矩,最先闯入某一民宅者,这家的所有财产都归其所有。

第六章 征 战

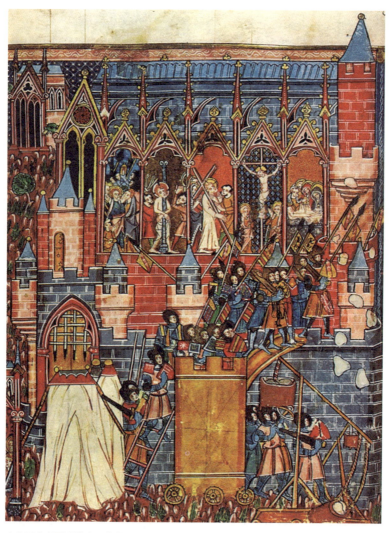

十字军攻克耶路撒冷。中世纪手稿画

重装骑士护送耶路撒冷国王鲍德温二世的灵柩。13世纪手稿画

许多居民不愿让财宝落入侵略者手中，把金币吞入肚子里死去，十字军士兵便把死人的肚子剖开，取出金币。由于死人太多，他们便把尸体堆积起来，烧成灰烬，然后从中寻找死者生前吞下的黄金。

占领耶路撒冷后，十字军又陆续占领了地中海东岸许多地区，并建立起四个封建国家，其中最大的是耶路撒冷王国，它包括巴勒斯坦和叙利亚南部地区。在它的北部，依次为的黎波里伯国、安条克公国和爱德萨伯国，后三个小国名义上附属于耶路撒冷王国，实际上各自独立。

第一次十字军东征，十字军获得胜利，但在随后的二百来年历史中，东方的伊斯兰教徒们顽强战斗，终于打败了西方入侵者。

# VII

第七章

# 骑士团

骑士团是西欧中世纪社会的一种特殊现象，笼统地看，教会和世俗军事贵族分属于两套系统，各行其责：教会主要负责教化，承担世人与上帝沟通的工作；而世俗贵族主要负责军事，承担维护社会秩序的任务，双方在思想观念和利益追求方面有些分歧，但在总体上，双方有密切联系，并相互利用。11世纪中叶以后，随着城市工商业的发展，骑士制度进入鼎盛期，同时，以教皇为首的教会势力也极为强大，教俗势力的结合促进了十字军东征运动，而骑士团则是这两股势力结合的产物。那么，骑士团是怎么回事？它们做了些什么？结局如何呢？

## 医院骑士团

第一次十字军东征以后,陆续出现了许多骑士团,其中最重要的是三大骑士团,即"医院骑士团""圣殿骑士团""条顿骑士团"。

就形式而言,骑士团具有宗教僧侣的组织特征,其成员不得建立家庭,不得有私人财产,必须绝对服从上级命令,遵守类似修道院的规则。此外,骑士团团长往往直接由教皇任命,骑士团按教皇的旨意行事。就实质来讲,骑士团是地道的军事组织,骑士团的成员主要由骑士组成,他们起初更多是执行军事任务,具有很强的军事作战能力。

"医院骑士团"的前身最早可追溯到查理大帝时代在耶路撒冷建立的"拉丁救济所",1070 年,这一救济所被阿马非的一个商人组织购买,并借此为西方来耶路撒冷朝拜的基督徒们建立一所医院;名义上这所医院是献给圣徒约翰的,其宗旨是救助朝拜的贫病者。因此,这一骑士团后来又被称为"圣约翰骑士团"。

1099 年耶路撒冷被攻下后,耶路撒冷王国的新国王高德佛雷特和许多大贵族,赠予这所医院许多地产,分布在耶路撒冷和欧洲一些地方。在教皇授意下,该组织的领导人杰拉德使这个最初的医疗救助团体发展成为军事组织。1113 年,医院骑士团的称呼得到教皇的批准,并且受到教皇的庇护。从此,医院骑士团脱离地方政权的

男女修道士接待那些到耶路撒冷朝拜者。13世纪手稿画

朝圣的路上。Marjorie Rowling《生活在中世纪时代》插图

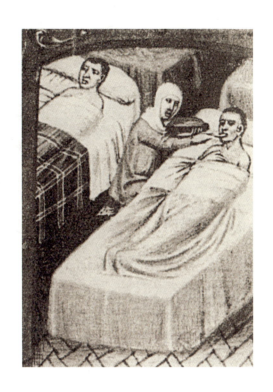

女修士照顾前来朝拜并病倒在耶路撒冷城内的基督徒。中世纪手稿画

管理，独立出来，直接隶属于教皇。

医院骑士团的管理规则主要依据本笃派教规，其规章制度可溯源到奥古斯丁的宗教法规。骑士团成员要进行甘于贫穷、贞洁、服从的宣誓：每个成员不得拥有私有财产，财产归骑士团公有；不能建立家庭，要过独身生活；要绝对服从团规和上级的指挥。

继杰拉德之后，雷蒙德（约1160年去世）是这一骑士团另一位杰出的首领，在任职期间，他使骑士团的军事能力得到迅速发展，并且在东方拥有许多重要领地和城堡。在欧洲，医院骑士团也拥有自己的势力，并建立起较为完善的管理体系，省级和地方两级组织

佛罗伦萨圣焦万尼诺·德·卡瓦列里(San Giovannino dei Cavalieri)教堂正面医院骑士团的徽标

构成管理的基本框架,省级由修道院院长们统领,下属几个骑士团管理区,各自有团长管辖。

当耶路撒冷被伊斯兰教徒收复后,这个骑士团最先接纳了女性参加,女团员与男团员分开管理。尽管医院骑士团的军事功能得到不断强化,但其医疗和救护宗旨一直没有被放弃。医院骑士团最初的精神保护者是圣施舍者约翰(St.John the Almsgiver),后来逐渐改为更著名更重要的圣福音传道者约翰(St.John the Evangelist)。

骑士团成员的服装最初是黑色,胸前有一白色十字架标志,该十字架的特点是,四个头都分开两个尖叉,即今天所谓的"马耳他十字架",这是因为后来这个骑士团的许多成员曾去过马耳他岛,

1522年，土耳其军队围攻由医院骑士团驻守的罗得斯岛。阿诺德·汤因比《历史研究》插图，原作绘于1558年

其总部也一度设在那里。1259年，这个骑士团成员的外套颜色由黑色改成红色，但十字架的颜色仍为白色。

医院骑士团曾经是东方基督教国家的一道保护屏障，驻守在许多城堡中，它培养训练了大量纪律严明、战斗力强、经验丰富的战士。由于每一代骑士团成员大都直接来自欧洲，从而避免了由于吸纳当地混血基督徒所带来的观念和意志的变化。当圣地最后的要塞失守后，医院骑士团撤到塞浦路斯，他们此时的职责是，在东部地中海上巡逻，打击海盗，保护朝圣者。与此同时，该团设在伊斯兰教国家各城市中的领事负责保护基督教朝圣者们的利益。1310年，该骑士团从土耳其人手中夺得罗得斯岛，到1522年又被土耳其人驱

第七章 骑士团

1565年5月18日至9月11日,土耳其军队围攻马耳他岛,遭到医院骑士团的顽强抵抗,土耳其人最终失败;这是历史上最为血腥和激烈的围城战之一,是西方基督教联盟和奥斯曼帝国地中海霸权之争的高潮点。马耳他骑士团大团长宫(the Grandmaster's Palace)壁画,1581年

逐出该岛。后来,在神圣罗马帝国皇帝查理五世的容许下,残部迁至地中海的马耳他岛,从此又被称为"马耳他骑士团"。在这里,他们以打击海盗为己任,一直到1798年,拿破仑攻陷马耳他岛,医院骑士团最终退出历史舞台。

## 圣殿骑士团

圣殿骑士团是法国香槟的一名小骑士休斯·德·佩斯在1118年与他的几名伙伴共同创立的。此骑士团最初的性质与医院骑士团不同,是纯粹的军事组织,主要职责是护卫通向耶路撒冷的道路,保

两名正在下棋的骑士。二人皆身穿白颜色斗篷,上有红色十字图案,为圣殿骑士团骑士。13世纪手稿画

护朝圣者免受强盗的掠夺和袭击。该骑士团创建之初,得到耶路撒冷国王的赞助,国王把耶路撒冷城所罗门神殿附近王室宫廷的一所房屋拨给该骑士团,作为其本部所在地,"圣殿骑士团"由此得名。

圣殿骑士团的章程直接取自圣伯纳德的主张,并且在1128年的特鲁斯宗教大会上得到教皇胡诺儒斯二世的正式批准。此后与医院骑士团一样,它完全脱离地方限制,直接隶属于教皇。

在1145年,经教皇尤真努斯三世批准,该骑士团获得穿戴有红色十字图案的白色斗篷的特权。然而,在骑士团内部,白颜色的斗篷只限于骑士穿,普通的兵士和其他人只能穿黑色或褐色斗篷,但十字架的颜色仍都为红色。圣殿骑士团的旗帜很有特色,上半部为黑色,下半部为白色,以代表他们的纯洁和爱憎分明的精神,即对

两名圣殿骑士团骑士同骑一匹马,表现了该骑士团早期简朴作风。马赛·巴黎,13世纪

基督教徒具有兄弟般的纯真情感和友善态度,对敌人则心黑手辣,势不两立。

由于该骑士团最初以作战勇猛顽强驰名于整个欧洲,各地的赞助和捐献源源不断,使其势力和声望日益隆盛。与医院骑士团一样,圣殿骑士团最初也遵守"贞洁""清贫""服从"的原则,已婚的骑士虽被允许加入这个骑士团,也可以在骑士团中生活,但他们必须把自己财产的一半交给骑士团,并且不能穿白色斗篷。

圣殿骑士团的势力曾遍及东方和欧洲一些地区,并建立起十分严格的等级制度,在最高首领之下,设管家、省级司令官、耶路撒冷辖区的指挥官等,在此之下,设立修道院院长和分团团长,他们手中都拥有大量的财富。

该骑士团在欧洲的组织为东方圣地不断提供财力和兵源,许多不能亲自赴东方参加十字军战争的贵族,把一部分土地和财产捐献给这个骑士团,使其财产数量迅速增加。圣殿骑士团的庞大财产,助长了统领们的贪婪和腐败,后来该团出现疯狂敛财和大肆侵占土

1187年7月4日,圣殿骑士团与埃及苏丹萨拉丁的大军展开激战,骑士团大部分成员非死即伤,同年,萨拉丁攻陷耶路撒冷,圣殿骑士团退守塞浦路斯。塞巴斯蒂安·马梅洛特《海外远征》插图,1472—1475年

　　十字军在东方的领地丧失后,圣殿骑士团一度迁到塞浦路斯岛,不久又携带巨额财富回到法国。由于它不是像医院骑士团那样确立宗教性发展目标,而是建立和发展国际银行,经营高利贷业务,而且,其团员的行为放荡不堪,引起欧洲各阶层人们的反感。到法国国王腓力四世统治时期,他出于扩充国库收入等方面的考虑,与教皇克列门五世达成默契,开始惩治圣殿骑士团。他下令解散骑士

在巴黎受火刑的圣殿骑士团首领。Richard Barber《骑士制度时代》插图

团并罚没其财产,时任骑士团团长的墨雷曾率领其成员反抗,结果被腓力四世的军队逮捕。1310年,经天主教法庭近两年的调查,该团的54名骑士在巴黎被处以火刑。1312年,该骑士团被解散。

## 条顿骑士团

条顿骑士团与前两个骑士团不同,它的成员基本都是德国人,故被冠以"条顿"(Teutonic,日耳曼族的)之名。条顿骑士团的建立稍晚于前两个骑士团,1128年左右,一些德国商人出于对朝圣者遭受贫病之苦的同情,在耶路撒冷城内兴建了一座医院,专门收容

唐豪瑟（Tannhäuser），一名中世纪行吟诗人，身穿条顿骑士团的白色外套。《马内塞古抄本》插图，14世纪，海德堡大学图书馆藏

来圣地朝拜的患病者。1190年，第三次十字军东征包围亚克城时，德国的商人们又进一步投资扩建了这所医院。

条顿骑士也穿白色外套，但外套上的十字架标志为黑色，以示与其他骑士团的区别。德国皇帝腓特烈二世曾授予条顿骑士团"黑色帝国雄鹰"称号，并赐予封土，促进了该骑士团军事力量的发展。1191年，教皇正式批准其为军事团体。

这个骑士团在东方的势力和声望不及前两个骑士团，它最明显的发迹是在1226年接受了波兰公爵赠送的但泽城。当赫尔曼担任团长期间，他借助与德国皇帝腓特烈二世的密切关系，要求皇帝同意该骑士团从事对普鲁士地区的征服行动，此举使其在这一地区的领地迅速扩大。骑士团召集许多德国居民到其所征服的土地上居住，从而大力推动了原住居民的基督教化。

1237年，条顿骑士团与另一较小的"宝剑骑士团"合并。1309年，骑士团首脑驻地迁至马瑞堡，其发展的注意力主要集中在对波罗的海地区的扩张，最初是以教会的名义，后来则打着德国皇

1410 年 7 月 15 日,波兰—立陶宛联军在坦能堡和格林瓦尔德附近与条顿骑士团的军队展开决战;条顿骑士团在此战中精锐尽失,从此一蹶不振。Jan Matejko,1878 年

帝的旗号进行。

　　14 世纪是条顿骑士团的鼎盛时期。1410 年,在坦能堡战役中,它遭到波兰和立陶宛联军的挫败,从此一蹶不振,再加上德国城市的兴起和各地诸侯势力的发展,使条顿骑士团的领地逐渐缩小,势力不断减弱,最后仅占有东普鲁士地区,同时,承认波兰为其宗主国。1525 年,条顿骑士团所辖地区承认并接受路德派新教,这一历

史事件表明其实际上已蜕变成为世俗公国,从而结束了条顿骑士团的宗教使命。

除上述三大骑士团之外,欧洲还出现了一些规模较小的骑士团,在葡萄牙和西班牙等地也有一些骑士团出现,但它们的影响力都不及上述三大骑士团。

# VIII

第八章

城 堡

西欧中世纪的城堡与我国古代的长城是两种标志性的军事建筑，分别浓缩了东、西方军事、政治、文化的特征。城堡所反映的大致是领主拥兵自重、割据一方、王权软弱的状态；而长城所反映的则是皇权一统天下，形成泱泱大国的局面。通过城堡，我们能进一步了解西方的历史特征。与世界上的许多事物一样，城堡有产生、发展和衰亡的过程，这一过程几乎伴随着西欧封建社会发展演变的始终。那么，西欧中世纪城堡的历史沿革如何？它的内部结构和各种设施是怎样的？它有哪些军事功能呢？

## 城堡的历史沿革

在罗马帝国后期,公元三四世纪,罗马人在不列颠和高卢等地区建起了规模宏大的永久性营寨,它们被看成是中世纪城堡的前身。随着蛮族入侵和西罗马帝国的灭亡,在一些战略要地,出现了比罗马营寨规模小的城堡,它们有的建有护城河,但结构比较简单。在不断的战乱中,这类城堡得到发展,到公元8世纪末9世纪初,已遍布于西欧各地。中世纪早期的城堡大都由土木材料建成,城堡建立在夯实的高大土台基之上,城墙有的用土夯起,有的用木材建造。木质城堡,围墙由厚重的板材或粗木桩紧密排列组成。围墙内建有高大的塔楼,三四层高。塔楼和城墙外立面钉上兽皮,防御火攻。在栅栏外面,还可能用编织的树枝或粗树桩加以保护。围墙外面挖出护城河,设吊桥与外界相通。

公元9世纪是城堡建造大发展时期,也是城堡建筑史上的新阶段,其主要特征是土木结构逐渐被石头结构代替。石头作为主要建材后,城堡不仅更加坚固,也更加高大宏伟,结构也更为复杂,外观也由原来的方形逐渐向圆形和其他多种形状转变。

11世纪中叶到13世纪,城堡进入发展全盛时期,随着经济的发展和哥特式建筑的风行,城堡的数量明显增加,建筑风格有显著变化。至此,西欧各地城堡星罗棋布,有的扼守军事要地,有的挟

始建于 13 世纪末期的英国布莫瑞斯城堡

重装骑士火攻法国迪南城堡，火攻是对中世纪早期木制城堡的重大威胁之一。《贝叶挂毯》(局部)，11 世纪

持水陆要道,有的雄踞峻岭之巅,有的耸立在平原上。城堡的外观和造型各具千秋,而功能都大体相同。英国安格勒塞的布莫瑞斯城堡建立在没有任何屏障的平原上,地带开阔,城堡上的哨兵能立即发现从任何方向来犯的敌人。这座城堡的设计特点是,围绕城堡的中心建筑,一圈一圈地建造城墙并挖掘护城河,从外围往里地势和城墙越来越高,形成"中轴式""螺旋形"建筑结构。这种城中套城的格局,给攻城者带来许多麻烦,要攻陷此城堡,只有一层层攻克,直到最后攻下中心塔楼。

如今保存最完好的中世纪城堡大多在不列颠岛上的威尔士地区。英王爱德华一世统治时期(1272—1307)曾对威尔士地区发动了大规模的军事征伐,为此他投入大量的人力物力,花费了大量的时间,每攻下一地,便在重要之处建造城堡。经过多年的经营,所

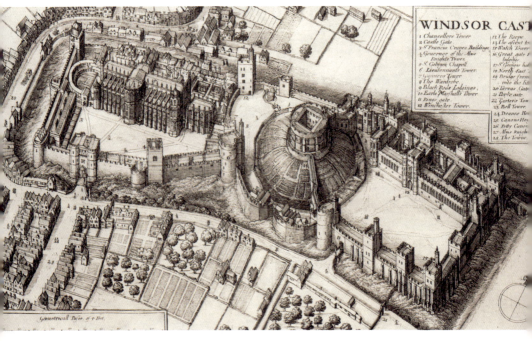

英国温莎堡（始建于1070年）和周围地区17世纪鸟瞰图。Wenceslas Hollar，1658年

建于12—13世纪的叙利亚武士堡（Krak des Chevaliers）是迄今为止保存最完好的十字军所建城堡之一

建城堡形成对威尔士的包围之势。而伦敦白塔是至今保存最完好的城堡塔楼之一，成为今天研究城堡建筑史的实据和博物馆。

城堡不仅具有扼守战略要地、抵御外敌入侵、保护居民安全等军事功能，它还具有对周围地区实施管理的行政功能。城堡与周围的庄园相结合，形成一种自给自足、相对封闭的生活环境，庄园可依照城堡主人的需要生产各种产品。由此可见，城堡集军事、政治、经济、生活诸功能于一体，其中的内涵十分丰富。

14 世纪，城堡开始衰落，其衰落的原因是多方面的：首先，在军事方面，骑士逐渐退出历史舞台，使封建领主丧失了守家护院的附庸，缺乏军事力量支撑的城堡自然要衰落。火炮在 14 世纪传到欧洲并日益发展起来后成为摧毁城堡的最重要军事手段；其次，在经济方面，商品货币经济的发展和繁荣，使依靠祖传地产生活的大贵族收入相对越来越减少，到中世纪后期，他们中的许多人已经没有了建造城堡的经济实力；再次，在政治方面，国王依靠工商业者的支持增强了战胜各地方封建主的实力，强大起来的君主绝不喜欢地方封建主依仗城堡而雄踞一方；另外，城堡中昏暗、狭窄、潮湿的环境，已经不能满足居住者的要求，到了 15 世纪以后，许多贵族迁出城堡，搬到城市里居住。到了近代，许多城堡遭到废弃，有些则被另做他用，作为仓库、监狱等。有些城堡一直保留到今天，并成为旅游观光地、博物馆或休闲度假的别墅。

## 城堡的军事设施

在城堡的各种功能中，军事功能是第一位的，而在军事功能中，防卫功能是首要的，因而，中世纪的每个城堡，都体现出军事防卫意图，城堡的每个环节几乎都有军事设施。我们可通过建造在平原上的一座普通城堡平面图，剖析其军事设施状况。

护城河是城堡防卫设施的重要组成部分，其主要功能是防御城墙受到直接攻击。护城河的宽窄没有统一规定，以尽可能有效限制敌方进攻为标准，护城河一般宽度在25—35米之间。在护城河与城墙之间留有一条道路，平日城堡护卫者们沿此路巡逻。在护城河内侧，通常建有一座小形外堡，并设有吊桥通向护城河外。外堡设有守卫，当外敌前来进攻时，守卫者负责吊起此桥。中世纪的吊桥受到罗马式吊桥的影响，一端固定，另一端可以吊起。此外，中世纪时还有一种护城河桥，可谓平板桥，它不是一头吊起，而是在靠近城堡的这一端建有与桥宽度一致的平行滑槽，河岸对面设立两根桩子，用两条锁链平衡拉住桥的一端，从这边可以把桥的那端推到对岸。12世纪、13世纪，这种平板桥使用得比较普遍。

从护城河桥进入到河与城墙之间地带，然后，沿着一段阶梯式的建筑向上走，就来到城堡大门对面，这段阶梯与大门之间还要设一座吊桥，城堡大门不能从地面直接进入，必须登上这段台阶，再通过吊桥方能进

**围攻城堡。15世纪手稿画**

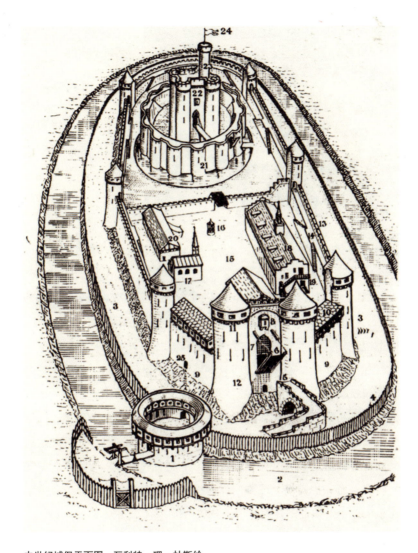

**中世纪城堡平面图，瓦利特·理·杜斯绘**

1. 外堡 2. 护城河 3. 巡逻通道 4. 木栅栏保护墙 5. 城门和防护设备 6. 吊桥 7. 铁闸门 8. 城门守护岗楼 9. 城墙 10. 环廊 11. 堞眼 12. 塔楼 13. 城墙顶端开垛口 14. "环路" 15. 外庭院 16. 水井 17. 小教堂 18. 领主的住所 19. 台阶 20. 马厩和厕所 21. 主楼围墙 22. 主楼 23. 瞭望塔 24. 旗帜 25. 小后门

第八章 城 堡

英王爱德华一世 1280 年代建于威尔士的哈立克城堡（Harlech Castle）大门

入。城堡大门是整座城堡军事防卫的关键部位，各家城堡在城门的设计上都煞费苦心，其建造原则是牢不可破、易守难攻、使用方便。中世纪城堡大门带有明显的罗马式建筑特征，较为低矮坚固，但可通行战马和车辆。通常，城门只一扇，上下开启，用坚硬厚重的木料外包铁皮制成，也有些城门用精心锻造的密实铁格子制成。进入大门后，是狭窄的门厅，门厅会设各种机关，以阻击来犯者。门厅的前面还可能有另一道闸门，使进攻者难以迅速冲过门厅，在这狭窄的地方，进攻者可能会遭到来自上下左右后方守军的暗算。城堡大门之上有守护岗楼，或称门厅岗楼，设置守卫。城门守护者的责任重大，主要职责是开关城门，收放吊桥，24 小时值班。

城堡的围墙坚实、高耸，由里外两层石头砌起，中间以碎石和泥土填塞夯实，顶部宽度在两米左右。为了增强城墙的牢固度和防守能力，城墙在隔一段距离和转弯处，建有城墙塔楼。城墙塔楼外侧的上半部建有许多不同高度的狭长缝隙，缝隙外面狭窄而内侧较

弓弩手在城墙上射箭,击退来犯骑兵,马赛·巴黎,13世纪

宽阔,弓箭手在里面可选择最佳位置射杀敌人。城墙顶部形成可由两名骑士并行的"环路",沿环路外侧是带有垛墙的雉堞,其形状类似于我国古代城墙顶部,守卫者在雉堞后面有一定活动空间;垛墙与人的高度相仿,可防御外面疾石和飞箭的攻击,也可帮助守城者在隐蔽处寻找攻击目标。城墙凹下处便于守卫者射箭、投掷石头、打击攀梯而上者。城墙顶部的环路,是守城者的岗位,也是战场,一旦有进攻者登上城墙,双方近距离的残酷交锋在这里展开。在攻城者登上环路之前,环路是守城者的前沿阵地,环路一旦被攻城者占领,它则成为敌人的立脚点和最终攻克整座城堡的基地。

  雉堞底部的环路路面处,设有向外倾斜的孔道,可推出石头和燃烧的液体,击杀攻城者。敌人一旦攻上城头,占领某段环路后,接下来必须攻克最近的城墙塔楼。因此,塔楼一般要安装防御性铁门,攻城者必须打破铁门才能入内。城墙塔楼内的楼梯往往被设计得具有迷惑性和攻击性,有些塔楼的真正楼梯隐蔽在厚厚的城墙之

建于13世纪的法国库西城堡拥有中世纪城堡最高的主塔 55米),此为19世纪画家 Eugène Viollet-le-Duc 所绘该主塔修建图,上有脚手架和泥瓦匠,塔身上的孔洞标记了建筑早期阶段脚手架的位置

内,并暗设机关,有几个台阶可能是翻板,敌人一旦踩踏,立即会坠入深不见底的坑中。

城堡的主楼位于城堡的中心,是最后的防守阵地。主楼分为楼和塔两部分,两者融为一体,具有居住和防卫功能。主楼的高度从30米到45米左右不等,它要高出城墙塔楼,是城堡中的最高点。在这里设有瞭望台,岗哨昼夜值班,可俯瞰城堡内外各种情况。主楼的形状因城堡而异，有的是方形或长方形，也有的是八角形。塔楼地面部分有三到四层，地下部分至少还有两层，各楼层间以楼梯相连，楼梯建在厚重的墙壁之中，每一层都有窄小的窗户用来采光和透气。有的主楼，外围还有城墙和水沟围绕，形成城内城和城内河。

主楼的第一层通常是大厅和仓库，第二层是城堡主与妻子的卧室，也有仆人住在这层，第三层是孩子和骑士、扈从等居住的地方。有些城堡主楼的地下室设有秘密通道与城堡外面的隐蔽处相通。在反映中世纪早期骑士生活的《武功歌》中写到，许多城堡都有地下通道，而实际上有地下通道的城堡并不多。塔楼的地下一层通常设有给客人居住的房间，最下层可用来关押犯人，英语中"地牢"一词 dungeon 即来自"城堡主塔"donjon 一词。

## 城堡的主体构造

城堡的核心建筑是主楼，主楼可谓是城堡的心脏和大脑。主楼处于城堡的中心，是人们居住的地方，也是平日生活、娱乐、管理，战时指挥战斗的场所。主楼与整座城堡融为一体，但又相对独立，当攻城者占领了城堡的其他部位，而主楼仍在守城者控制之下时，其城堡就不算被攻陷。主楼的主要部分是大厅，大厅不仅是领主生活和娱乐的中心，也是领主进行统治、管理、指挥的场所，它是城堡中空间最大的房间。大厅通常设在主楼的第一层，也有个别城堡设在第二层。中世纪早期，大厅内部建筑结构类似教堂的内部结构，用木头和石头柱子支撑住木质的顶棚。后来顶棚发展为拱架结构，从而减少了柱子的数量。大厅的采光主要靠门和窗，11 世纪、12 世

始建于 11 世纪的英国温彻斯特城堡大厅

纪时,城堡中的窗户大多为木质的百叶窗,到 13 世纪,有些城堡安上了"白玻璃",14 世纪,安装玻璃才趋于普遍。

大厅的地面是夯实的土面或用石头铺成,也有用石膏抹成的地面,如果大厅在二层,地面则是木头的。14 世纪前,在英国和西北欧地区,人们很少铺地毯。大厅的地上常撒上灯芯草,在节日期间还会撒上香草,如罗勒、蜜蜂花、春黄菊、艾菊、黄花九轮草、雏菊、甜茴香、玫瑰、薄荷、紫罗兰等。

大厅的墙壁一般抹上灰泥并涂成白色,贵族们喜欢大厅的墙壁上有些装饰物,如镶嵌画、壁画、壁毯、悬挂饰品等,大厅的墙壁是城堡中艺术品和装饰品最集中的地方。13世纪以前,壁画主要题材取自《圣经》和历史故事,此外,还有花卉、鸟兽和几何图形等。温彻斯特城堡的大厅墙上挂着一幅所谓的世界地图。中世纪壁画上的人物形象,表情呆板,充满宗教的凝重和肃穆,少有透视和立体方面的绘画技巧。红赭色和黑色为画面的主要色调,也与黄、蓝或白色相搭配,总之,画面色彩很简单。到13世纪,这种现象有所改变,有些艺术家开始表现人物内心的自然情感。除壁画外,大厅挂有"幔帐"以装饰墙壁。当时的人们也十分喜欢挂壁毯,但很少有质地非常高级的壁毯,在12世纪,东方的天鹅绒挂毯被视为珍贵物品,通常挂的阿拉伯壁毯大都是欧洲人自己仿造的。欧洲人还喜欢在亚麻布的挂毯上绣出各种图案,图案有圣经故事以及叙事诗和历史故事等方面的内容,也有各种花卉图案,工艺比较简单,无法与我国古代的刺绣相提并论。西欧中世纪留下的壁毯中,最著名的当属《贝叶挂毯》,这一壁毯的制造年代学术界说法不一,有说制成于11世纪后半叶"诺曼征服"后不久,也有说制成于12世纪。该壁毯长约70米,宽约0.5米,上面绣着诺曼人征服英格兰时发生的哈斯丁斯战役场景,还有许多当时的日常生活场景,对研究当时骑士的武器装备、作战方式以及生活状况具有较高的史料价值。此壁毯现收藏于法国贝叶博物馆。此外,城堡大厅的墙壁上也会悬挂兽角、盾牌、武器以及其他一些能使城堡中的人们感到荣耀的纪念物。总的看来,中世纪室内装饰的主要特征,是在墙壁上绘画或使用装饰板并在装饰板上着色或绘画,或者是在墙壁上悬挂壁毯或其他工艺品,这就为后来欧洲的室内装潢定立了基调。

城堡大厅的取暖设备是壁炉,城堡中各房间的取暖也基本都依

始建于13世纪前的英国卡菲利城堡大厅，墙壁上悬挂着历代主人家族的徽章

靠壁炉。壁炉用石头砌成，炉膛口敞开，底边要高出地面一段距离。炉膛宽阔，从12世纪到中世纪末期，壁炉的炉膛不断扩大，通常能同时燃烧三棵完整的树干。壁炉提供的热量不仅是木材燃烧直接产生的热量，还有经过烘烤的炉壁石头的辐射热量，炉膛的石头墙壁非常厚，可吸收并保存许多热量，即使火焰熄灭后的一段时间，仍可烘暖房间。壁炉的前身是设在地面的炉膛，炉膛上面是敞开的，在英国盎格鲁—撒克逊时代以及后来的一段时期，城堡大厅通常都是用这类火堆一样的炉子取暖。这类炉子可为方形、圆形或八角形，烟雾顺屋顶上的烟窗排出。比起这种较原始的炉子，壁炉无论在防火、卫生和取暖方面都有了明显进步。壁炉的炉口上方呈穹形，两边由石柱支撑，而烟囱的顶部是圆形。当时的西欧人点火仍使用比较原始的燧石打火镰，还没有炉具一类的东西，铲子和钳子等炉具到19世纪才出现。平时保存火种的方法是，保留一段仍在燃烧的木

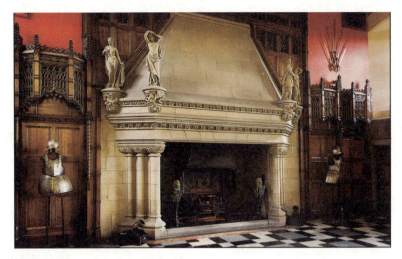

始建于7世纪的爱丁堡城堡大厅内的壁炉

头。贵族家的壁炉内,通常都设有铁炉架子,以使木头充分燃烧,炉口安装护栏起到安全保护作用。城堡中,壁炉前是令人感到温暖和愉快的地方,在漫长的冬夜,人们靠近壁炉而坐,听人讲述各种历险和传奇故事,在那个年代是一种极大的享受。

中世纪城堡大厅有的为圆形,有的为方形,起初,面积并不大。到13世纪,大厅不断扩大,大的能容纳几百人。用今天的眼光看,城堡大厅不仅不舒适,也不方便,由于用许多柱子支撑穹顶,不仅显得狭窄,也很压抑。大厅除了供人在此就餐、举行宴会和各种娱乐活动外,也是领主召开会议、处理各种事务的地方,有时也在这里举行骑士的授封仪式。此外,领主也经常在这里处理法律方面的事情,如领地内和庄园中的法律纠纷,直到今日,英文中"法庭"一词仍沿用court一词(原意指中世纪领主城堡大厅)。

第八章 城 堡

# IX

第九章

## 情趣

不同时代的人有不同的情趣，同一时代不同阶层的人情趣也不同。骑士在总体上居于社会上层，他们不从事任何生产劳动，除了打仗和军事训练，他们有自己的娱乐方式和喜好。那么，他们平日生活中都有哪些喜好？他们喜好的活动与其职业有何关联？他们为什么喜欢大吃大喝呢？

## 骑士的日常生活

黎明时分,在城堡中居住的人们便起床开始忙碌起来,仆人们忙着在厨房做早饭、收拾房间和院落,扈从们忙着照料猎鹰、猎狗和战马。随后,扈从还要伺候城堡主起床。守城的战士们则登上城墙和塔楼替换夜里执勤的守卫和哨兵。

城堡主起床洗漱后,通常要做祷告,之后还可能到城堡中的小教堂做弥撒,如果条件许可他每天都会做弥撒。弥撒过后,城堡中的全体人员进早餐,早餐一般是面包、菜汤、淡啤酒,富裕的城堡中还会有葡萄酒。中世纪时期,西方的贵族还是比较重视吃早餐的,这与他们白天的训练和军事活动有关。

早餐后,城堡中的人们做着各自的工作,领主可能会与管家和侍从们召开会议,商讨各种事情。贵妇人与客人们交谈或忙于手中的针线活家务事。骑士和扈从们练习剑术和持矛冲击。小孩子们在家庭教师的指导下学习功课,或在院子里玩耍。城堡的庭院中,马夫清扫马厩,铁匠在做各种铁器活。仆人们清理房间,打扫院子,清洗单子。厨房的师傅们开始忙着准备午餐。冬季里的城堡,生活显得单调乏味,外面大雪封山,各种活动大都停止。城堡主为了消磨时间,时常靠在大壁炉边取暖并观望窗外的雪景,或请来行吟诗人演唱故事,或与其他骑士切磋剑术,或玩各种棋类,或举行宴会

骑士在家中吃早餐。Martin de Beaune 祈祷书插图，15 世纪

尽情地吃喝，偶尔也会观赏野兽间的搏斗。

如果有客人来访，城堡主人会热情地接待。中世纪的贵族对友善的陌生客人，特别是那些过往的隐修士和朝圣者都会真诚相待，城堡中有专门为客人准备的寝室和床铺，客人的马匹也有人帮助照料。在上午这段时间，城堡主和他的妻子也会与管家商量家务方面的事情，城堡中各方面的事务较多，通常由管家负责。

中午，正餐时间到，从主楼传出开饭的号角声，通知人们到饭桌边就餐，同时也提示人们洗手，这种号角声在中世纪的骑士文学中被称为"洗手号"。从 13 世纪开始，午餐之前准备洗手盆，负责做这些事的是扈从或兵士。就餐通常在大厅里面，大厅是城堡主楼的主体部分，也是城堡容量最大的房间。到 13 世纪，城堡大厅的容量进一步扩大，有的能容纳几百人。大厅除了供人们就餐、举行宴会外，也可在此处理司法方面的事情，或召开大型会议等。午餐一般有两三道菜，除了最后一道甜点，如水果、干果、乳酪、脆饼和

吹响用餐号角。中世纪手稿画

骑士的正餐,乐器演奏者、持酒壶者和切肉者伴随一旁。Marjorie Rowling《生活在中世纪时代》插图

餐后酒等不重复添加外,主餐那两三道菜可反复添加。

午餐后,人们可能唱歌、讲故事,有时,午餐吃得差不多了,有人就可能会唱起歌来,其他人与之合唱。午餐结束,桌子被收拾干净,就餐者会重新洗手,并开始下午的工作和娱乐。他们自发地结成一帮一伙,有的到房间里去休息,有人在城堡内外散步,年轻人玩各种游戏,有的下棋,有的赌博。贵妇人和姑娘们餐后或许会唱赞美歌,合着歌的旋律和节奏,人们会一边唱一边跳起舞来。年轻人热衷于漫无边际海阔天空地胡吹乱侃,当时的人们把能聊能侃视为本事,会赢得周围人的羡慕。

到晚上,有一顿晚餐,内容比较简单,通常有面包、乳酪、酒类和汤水。中世纪时,正餐是中午那顿饭。

平日的夜晚,主人或贵妇人会催促人们早些休息,以防耽误第二天的事情。在漫长的冬夜、温暖的壁炉旁,年轻人最喜欢有客人或过往的朝圣者讲述他们的经历和故事,如果有行吟诗人来,那就如同节

贵族男女伴着音乐起舞。《马内塞古抄本》插图,14世纪,海德堡大学图书馆藏

行吟诗人与乐器。14世纪手稿画

睡眠。中世纪手稿画

第九章 情趣

掷骰子。中世纪手稿画

战争游戏。中世纪手稿画

日一样,人们围坐在他的周围,倾听他一边弹琴一边唱述英雄传奇故事,令人陶醉,引人入胜,这是当时人们的一大乐趣和享受。

就寝之前,有两件重要的事情是每个人都必须注意的,一是防火,二是防守。睡觉前不要忘记熄灭蜡烛,负责守卫的骑士和扈从们要仔细察看城堡的关键部位,都安排妥当了,才能回屋睡觉。

## 狩猎

狩猎在骑士的生活中占据重要地位,是骑士非常喜欢的活动,骑士喜欢狩猎有三个原因:一是可获得鲜美的野味和动物的毛皮;二是可增强骑士的战斗意识,狩猎具有实战性,甚至有人认为战争不过是更大规模的狩猎;三是可带来无穷的乐趣,是骑士消遣娱乐的极好方式。

有一定规模领地的领主大都拥有自己的狩猎场。在和平时期,率领手下的人到草木繁茂的猎场狩猎,令人心旷神怡。狩猎的最佳

行军狩猎。《贝叶挂毯》(局部),11世纪

季节在深秋,此季节是动物一年中膘肥体壮的时候,毛皮也最好。当然,在其他季节,贵族骑士们也会出来狩猎,夏季的野生动物是没有保鲜设备时代最为鲜美的佳肴。春季不是狩猎的合适季节,一是因为,经过冬季后,野生动物极为瘦弱;二是因为,此时也正是动物脱毛的季节,毛皮质量不佳;三是因为,春季是动物的繁殖期。因此,在春季,领主一般都限制狩猎。

狩猎要早起,最好是天蒙蒙亮就出发,到猎场时天刚好大亮,清晨是许多动物出来觅食和饮水的时辰,容易被发现和捕获。到了猎场后,通常先由一名经验丰富的人带着猎狗和武器去林中探寻猎物的踪迹,领主与随从们会利用这段时间在草地上吃带来的早餐。探猎者肩负着寻找猎物的任务,这项工作需要有丰富的经验和一定的知识。探猎者借助猎狗的帮助发现动物踪迹后,要仔细查看动物留下的足迹、粪便和各种痕迹,并通过附近植物枝干上留下的毛和角、齿痕迹,判断出猎物的种类、体重、大小、年龄、高度、数量、离去的时间、方向和距离等,然后,用号角声通知其领主,领主再

第九章 情 趣

捕杀野鹿。《狩猎书》插图，1387年

依据号角声做出围猎的布置。

如果发现的是头野鹿，探猎者向领主传出信息后，便用猎狗把鹿往事先选定的围场方向哄赶。当猎物进入围场，领主令号角手通知各路狩猎者统一行动，先是放开猎狗追逐野鹿，直到把它追到绝境，或被猎狗围住无路可逃，狩猎者赶到后用长矛或弓箭把它杀掉。如果追杀的是头野猪，则要麻烦和危险得多。当野猪被追到绝境与猎狗和猎人僵持时，人和狗很容易被野猪尖利的牙齿刺伤或挑死。当猎狗把野猪团团围住后，也是双方搏斗最激烈的时刻，猎狗们会

捕猎野猪。中世纪手稿画

狂叫着不顾一切地向野猪攻击,野猪会拼死反抗,猎狗每时每刻都会伤亡。此时,猎人必须尽快斥退猎狗,在瞬间抛出长矛或直接用长矛刺中野猪。野猪的皮相当厚也相当硬,很难一举置其于死地,有的野猪身中十多把长矛,仍在血泊中顽强抵抗。捕杀野猪造成人员伤亡之事时有发生,15世纪的约克公爵爱德华在一篇文章中记述了一次狩猎中野猪伤人的情景:一头巨大的野猪向一个人冲去,此人被野猪尖刀般的利齿从膝盖处一直挑到胸部,刹那间他便直挺挺地倒在地上。

狩猎过程中的危险不仅来自被追杀野兽的反抗，也来自环境自身蕴藏的危险，如掩藏在草木后面的悬崖、绿草覆盖下的沼泽等都会对狩猎者的生命构成威胁。另外，狩猎过程中，狩猎者之间也容易造成误伤，这种现象也不少见，其中伤亡人员也不乏地位显赫者。1100年8月1日，英国国王威廉二世由于同伴射出的箭击中鹿角改变了方向，转而射中了他，立时气绝身亡。这场狩猎变成了一场悲剧，事后，人们不是像以前那样抬着猎物，而是抬着国王的尸体结束了这场狩猎。

西欧中世纪的猎场大多在森林中，因而，森林在领主心目中的地位非常重要。森林不仅能够为贵族骑士们提供野生动物，也是盛产各种果实、蘑菇和其他野生食品的地方，还是建筑材料和燃料的产地。森林可谓是当时物资资源的丰富宝库，没有领主不重视森林资源的，也没有领主不注意保护森林资源的。这种状况无形中对欧洲的森林保护起到了重要作用，也为后世的自然环境保护打下了良好的基础。

## 驯鹰

驯鹰是门艺术，在西欧中世纪，有许多人写过关于驯鹰的著作和文章，对这方面的技艺做过系统的描述和探讨，其中神圣罗马帝国皇帝腓特烈二世就是一位驯鹰的高手，他所写《驯鹰的艺术》一书为后世研究和了解当时的驯鹰情况，起到了重要作用。

驯鹰需要投入大量的时间和精力，还要有耐心、经验和智慧。驯鹰要从雏鹰开始，雏鹰一般要从鹰巢中获得（鹰巢通常都是位于大树顶端或悬崖峭壁上），也可在雏鹰刚能飞离巢穴时用网子捕获。

获取雏鹰。腓特烈二世《驯鹰的艺术》插图

得到雏鹰后,一般把它放在宽窄适当的亚麻布袋里,袋子两端留有开口,刚好使雏鹰头在一端,爪子和尾巴在另一端,无法飞动;然后,先要修整鹰的爪尖,防止自然生成的爪尖断裂或刮断爪指;然后,用软皮子做成头套,罩住鹰的两只眼睛,只露出嘴和鼻子,如果此鹰不适合用头套,就要把它的眼睛缝上,使其睁不开,看不到任何东西。鹰的两腿要用皮环套住,两个皮环中间用一小段皮条连接,限制鹰的走动。皮条上要系上一个小铃铛,每当鹰活动时,铃铛就会发出声响,引起驯鹰者的注意。鹰两腿间的皮条又系着一根长条皮绳,皮绳拴在鹰所站立的栖息架上。鹰的双眼被封闭后,与外界的视觉联系被割断,它只能靠嗅觉、听觉和触觉获得信息,正是在这样的状态下,开始对鹰进行训练。

要把鹰驯化好,驯鹰手很关键。在中世纪,驯鹰是门技术,对驯鹰者有较高的要求。他的体形要适中,过高过胖不灵活,太瘦太

把鹰眼封上，进行下一步训练。腓特烈二世《驯鹰的艺术》插图

小没力气，都不利于驯鹰。除了耐心，他还要耳聪目明、胆大心细、善于观察、机敏灵活、性格平和。他要勤奋，不能贪睡，夜里要观察鹰的动静。而且，他还要有一套医治鹰常见病的能力，如果鹰生病或受伤，要能调制一些药物进行医治。

　　正式训练的第一步，要使鹰习惯于站在驯鹰者的手腕上，驯鹰者的手要戴上皮手套。后面训练的多项内容大都是在驯鹰者的手腕上进行的。一开始训练，要在黑屋子里，先不要急着喂食给它，而是不断地轻轻抚摸它，使它从惊恐、愤怒当中平静下来，并逐渐适应这种抚摸。过一两天，稍稍喂它一点肉，并用手抚摸它，同时对它说话或唱歌，所说的话或所唱的曲调以后要固定不变、经常重复，目的是让鹰在进食时习惯被抚摸也熟悉这个声音，并增强它在抚摸和声音之下的安全感。经常反复使用一个声音在整个训练的过程中很重要，日后召回空中飞翔的猎鹰或传递给它信号，主要靠这句熟悉的话语或曲调。

托鹰上马。腓特烈二世《驯鹰的艺术》插图

当鹰熟悉了这种声音和抚摸后,可除去其眼罩或拆除缝眼线,这项工作要在黑屋子里或在晚上进行,一是要避免鹰突然见到光线,眼睛受伤;二是要避免鹰突然看到人的脸,受到惊吓,引起愤怒和烦躁情绪。除去眼罩或拆除眼线的鹰仍要待在黑屋子里,喂食、抚摸、说话或唱歌如故,过一段时间后,让它逐渐见些微弱的光亮。当鹰完全适应环境后,每天半夜把它带到外面,熟悉户外的环境,天亮前带回来。当它的眼睛完全恢复和适应自然环境后,才可把它暴露在阳光之下。鹰平时被拴在鹰室内的栖木上,也要在室外的栖木上经受风吹、日晒、雨淋的磨炼。

上述各项驯化程序结束后,当鹰在人的手腕上站立与在栖木上一样平稳时,便可开始骑在马上对其进行训练。当鹰达到了能稳稳地站在骑马者手腕上的程度时,下一步的训练是,让鹰从驯鹰者的手上飞起攻击猎物。这项训练还需有助手帮助。不同的鹰,最初所用训练标本不同,要看此种鹰最善于猎获哪种猎物而定,如果是一

站在栖木上的鹰和搭在栖木上的眼罩。腓特烈二世《驯鹰的艺术》插图

训练鹰，右侧建筑为鹰室。腓特烈二世《驯鹰的艺术》插图

只冰岛大隼，常用鹤的翅膀标本做练习捕获的对象。先在鹤的标本上系一块鲜肉，然后，用一条长长的柔软皮绳，一端系在鹰腿上，另一端握在驯鹰者的手中，皮绳的长度要能达到放置鹤标本的地方，并且使鹰能自由地飞行一段距离。当助手把鹤的标本放在指定地点迅速撤离后，驯鹰者随即放飞手中的鹰，鹰会迅速扑向这只假鹤。鹰扑到假鹤的身上后，助手要慢慢地接近它，把肉从假鹤身上解下来，给鹰吃掉。然后，在假鹤的身上把鹰托起。如此反复练习，并逐步过渡到去掉皮绳后，开始用真实的猎物进行训练。开始所选用的猎物往往是家中饲养的禽类，比如，把家养鹤的眼睛蒙上，并束缚住爪子，封上它的嘴，防止它伤害到鹰。起初还要在鹤的背上系

腓特烈二世之子康拉德四世放飞猎鹰狩猎，猎狗蹲伏在一旁守候。《马内塞古抄本》插图，14世纪，海德堡大学图书馆藏

一块肉，后来则是把鹤的心脏取出来喂鹰。上述的每个环节都要循序渐进、反复训练，直到鹰能够熟练地捕获各种野生猎物后，训练过程才算结束，此时的鹰才可谓是一只猎鹰。

拥有一只优秀的猎鹰是件值得骄傲的事情，也是骑士们在宴会或聚会场合炫耀的话题，用鹰捕猎曾给中世纪的贵族们带来极大的乐趣。用鹰捕猎的方式也有多种，其中的"溪边鹰猎"是利用猎狗与猎鹰之间的相互配合来进行的。在河边或水塘周围的草丛或灌木丛中，隐藏着野鸭、鹤等一些飞禽。狩猎时，先放鹰在空中盘旋，然后撒出猎狗去水边哄赶飞禽。当它们受惊飞起后，鹰从空中俯冲而下，直取猎物。

## 宴饮

　　骑士是职业军人，不从事生产劳动，其中的许多人拥有领地，有较丰厚的经济收入，那些被豢养在领主家中的骑士也过着衣食无忧的生活，除了服役打仗，在平时，他们的一大喜好就是吃喝。尽管教会竭力反对人们贪吃，认为贪吃是一种罪过，但总体上并没有阻止骑士们的这项喜好，这与骑士的职业性质和体能需要有关系。骑士的军人角色，使他们随时有失去生命的可能，因而他们在日常生活中更热衷于享乐，对教会的说教时常会置若罔闻。另外，军事训练、服役、打仗是极为耗费体能的事，食量多少？吃什么？与农民和读书人相比，对于战士来说这可是更为重要的问题。骑士们喜欢吃肉、喝酒，而且胃口很大。文学作品中描写道，有骑士一手用盾牌托着一条半生不熟的猪后腿，另一只手用短剑一块块割着吃，不一会儿便只剩下骨头，这样的情景在现实生活中也不少见。当时的观念认为，能吃能喝、食量过人是力量和勇气的象征。盖伊的胃口极大，饭量相当于四个骑士，还不算喝的葡萄酒，他的敌人通过这一点就断定：他一定是名优秀的骑士，能吃的人绝不会是个懦夫！

　　这样的需要和嗜好奠定了中世纪贵族宴会的频度和食谱的基调。骑士们会找出各种理由举行宴会和大吃大喝，战事较少的冬日，骑士们在城堡中可能会聚在餐桌旁吃喝一整天。吃的东西主要是肉类和鱼类，蔬菜、水果则较少，喝的主要是葡萄酒。食物烹调技术很不精细，但量却较大，原则是吃饱喝足。西方贵族形成的是军人饮食习惯，与中国古代文人士大夫的饮食情趣大相径庭，从中世纪贵族的宴会情况我们可看到这一点。

骑士的家中正在为宴会做准备。14世纪手稿画

意大利托斯卡纳韦鲁科莱城堡（Verrucole Castle）内经过修复的中世纪厨房

宴会通常在城堡的大厅举行，如果是在春夏秋季节，也可在城堡外的草地上搭起帐篷，举行宴会。厚重的餐桌和椅子摆在帐篷下面，桌上铺着桌布，上面有小块餐巾，餐巾之上摆放好餐刀和匙，餐叉是在16世纪才被普遍使用的。每个位置的桌前都放一只金属或木质的酒杯或餐碗，在宴会中，如果酒杯和餐碗数量不足，可两人或几个人用一个。餐桌上还有盐罐、调料碟、水罐等。在客人到来之前，这些准备工作便由扈从和仆人们来做。

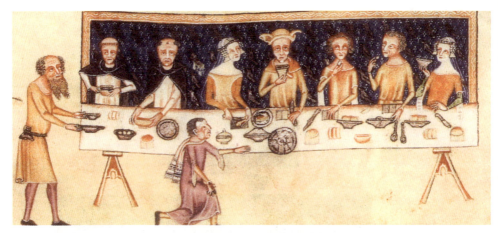

14世纪英国一个城堡里的宴会。中世纪手稿画，大英图书馆藏

在宴会前，每个客人通常都要洗手，因为从公盘中为自己取食物要用手抓。丰盛的宴会要有十多道菜，猎物是餐桌上的上乘佳肴，其他主要有牛肉、羊肉、猪肉、飞禽和鱼类等。贵族家中宴会的菜肴主要是烧烤类食品，如烧烤鹿肉、烧烤野猪肉，也可能会有烤孔雀、烤天鹅、烤鹤、烤苍鹭、烤野鸭和烤野兔等。此外，一些鱼类也是贵族餐桌上的常见食品，如鲻鱼、鲤鱼、河鲱、大马哈鱼、鳟鱼等。在上乘宴席中，偶尔也会有烧烤熊肉。肉和鱼除了烧烤做法外，也有煮炖。肉端上桌后，客人可蘸盐和胡椒等调料吃，胡椒粉几乎用于每一道菜，用量最多，有时也加些丁香做调料。正餐过后，最后上的食物是糖果或甜点，包括果类派、蛋奶饼干、乳酪、水果等，水果主要有苹果、葡萄等。

贵族骑士在宴会中喜欢喝葡萄酒。比起啤酒和其他果酒，他们更喜欢喝葡萄酒，有些骑士在长达十几个小时的宴会中拒绝喝水，只喝葡萄酒。上好的葡萄酒并不是什么时候都能喝到。贵族骑士的喜好，成就了西方葡萄酒业的发展，某些中世纪时期的葡萄酒品牌一直流传至今而声誉不倒。中世纪贵族城堡中一般都设有酒窖，贮藏各种酒类。在宴会最后，有可能端上来的是口感浓烈的餐后酒，这种酒用生姜、胡椒、蜂蜜、麝香、葡萄干、丁香等调料长时间浸泡而成，可使人神经更为兴奋。

随着文明程度的进一步提高，在吃喝的过程中骑士们也开始注意一些礼节，否则会引起周围人的耻笑。例如，当屁股还没坐稳，不要急着伸手到公共盘子里取食物，更不能把手指浸到肉汁中去，也不要在盘子里乱翻，应拿放在最上面的一块；手指上沾了油，不应用嘴去舔，也不要往衣服上擦；啃过或咬过的食物都不要再放回公盘里，更不能让别人吃；吃食物时不能咂巴嘴也不能发出鼻息声；进餐时不能用手掏耳朵、挖鼻孔、擦眼睛，也不能用手搔痒，如果非常痒，须隔着衣服，不要用手直接抓挠皮肤；就餐时尽量不要擤鼻涕、吐痰，如果实在挺不住，要转过身去，把痰和鼻涕吐、擤在身后的地板上，然后马上用脚蹭去；就餐过程中，最好与身边的人进行交谈，不要只顾不停地吃，也不要说食物不好吃。

骑士喜欢食肉的习惯不仅推动了中世纪狩猎文化的发展，还带动了世俗社会饮食结构的改变，促进了畜牧业的发展。14世纪以后，由于羡慕上层社会的饮食习惯，平民百姓有一定条件者"随风跟进"，使社会对肉类的需求量大为增加，从而推动了畜牧业和屠宰业的发展，这对欧洲近代经济生产结构的改变起到了重要作用。

一名修士品尝修道院地窖里储存的酒。Aldobrandino of Siena《养生指南》插图，13世纪晚期，大英图书馆藏

一家14世纪的肉店:一头猪被按在地上放血,准备宰杀;架子上悬挂着整猪和各种切块。《健康全书》插图,14世纪

# X

第十章

# 婚　姻

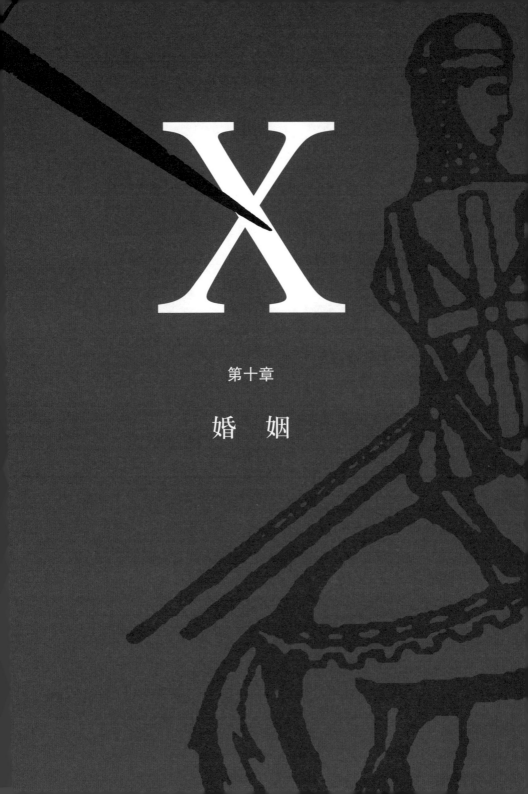

婚姻生活是社会生活的缩影，通过阐述中世纪骑士的婚姻家庭状况，我们能进一步了解骑士阶层以及当时社会的观念、习俗、家庭生活等方面的事情。那么，西欧中世纪有什么样的婚姻观念？当时理想的新娘是什么样子？中世纪的婚礼怎样举办？作为骑士的妻子都做些什么呢？

## 中世纪的婚姻观念

社会的婚姻观念与婚姻状况密切联系在一起，基督教思想是中世纪婚姻观念的基础，同时，中世纪的婚姻观念中也具有世俗的和现实性的内容。基督教起初认为婚姻是一种低俗的事情，人们应该追求没有男女情欲的圣洁生活，然而，为了人类的繁衍和避免人们犯比婚姻更可恶的罪过，婚姻还是必要的，一定程度上也是合理的；但是，婚姻仍是堕落的条件，所有想成为圣洁的人，应回避和摆脱婚姻。

教会承认婚姻有合理性，也规定了婚姻在一般条件下不可随意解除，两人一旦结婚，即便对方得了某种疾病，或养成酗酒等恶习，或夫妻双方没有感情等，也必须保持婚姻关系，不得解除。同时，基督教对女性基本持贬低态度，认为"丈夫是上帝的形象和荣誉，妻子是丈夫的荣誉"，"造丈夫不是为了妻子，而造妻子则是为了丈夫"。此外，教会还限定了结婚的年龄，"一个男人在15岁之前不娶妻；一个女人在12岁以前不出嫁"。再有，教会严格禁止近亲结婚，并规定，有共同血缘者四代之内不许结婚。这一规定对欧洲人的健康繁衍起到了积极作用。此外，教会一直坚持婚姻双方相互同意原则，在主持婚礼仪式时，神职人员一定要问双方是否都同意结合，必须有"我愿意"这样的明确答复，婚姻才有效。

**神职人员主持婚礼。中世纪手稿画**

  中世纪的婚姻也受到许多世俗观念的影响。在实际生活中,教会规定的男女婚姻年龄往往不被贵族们严格遵守,家长们为了家族的财产和利益有可能让自己的儿子或女儿小于这个年龄结婚。此外,教会规定的双方自愿原则,实际上难以落实,年轻人的婚姻往往受到领主、父母以及亲属们的干预,婚姻的自主权并不掌握在他们自己手中。倘若附庸死去,他的采邑继承人是个年幼的孩子,领主会由于采邑的转承问题而干预这个孩子的婚姻。如果这个继承人是个女孩,领主会考虑这片采邑是否会由于这个女孩的婚姻而落到别人手里,一旦她出嫁,她名下的采邑会转到她丈夫名下;因此,领主会插手这个女孩子的婚姻。由领主干预的婚姻,十有八九不是双方真心喜欢的结果。此外，死了丈夫的寡妇由于有一定的财产继承权，领主们也会急于为她们找丈夫，目的当然是为了自身利益，很少考虑婚姻双方的情感和意见。

父母的意愿对婚姻有决定性作用，西欧中世纪的习惯法规定，没有父母的同意，年轻人不得结婚，并禁止任何理由的秘密结婚。教会要求准备结婚的人在正式结婚之前向周围的亲戚、朋友至少公布三次结婚的消息。如果父母已不在，长兄、弟弟都有权对女孩子的婚姻进行干预。

到12世纪，由于受到骑士尊敬女性观念的影响，一些贵族家长也开始注重女子本人的意愿，尽量不违背本人的意愿强迫其结婚。这种现象在骑士文学中也有明显表现。一首骑士叙事诗中写道，罗兰来到波斯时，正赶上波斯国王准备出嫁女儿，新郎是邻国的一个老国王，公主非常不喜欢嫁给这个老头，但又无能为力，毫无办法，整个朝廷没有一个人敢站出来反对这门可恶的婚姻。当罗兰了解到这门婚姻的详情后，挺身而出，高声宣布："由于某种机会，我来到这个国家，我宣布，我准备为保护正义和真理而战斗到底，没有比男人或女人违背自己的意愿更违背上帝的愿望了！我要履行我的义务，维护正义，决不食言！"

然而，12世纪叙事诗中的这类内容所传达的婚姻自主的观念对当时而还是比较超前的，是对优秀骑士品德的歌颂，在实际生活中，女性不仅很难自主选择丈夫，而且在婚姻中只处于附属地位，大多数女性只能待在家中做些编织挂毯、裁缝衣裳之类的家务。如果干出引起丈夫不满的事情，可能遭到丈夫的殴打。中世纪的习惯法规定，丈夫有打妻子的权力，甚至，还允许丈夫在两件事上可以对妻子用刑，一是妻子犯了通奸罪；二是妻子生了痴呆儿。贵族在教育女儿时也会灌输必须尊敬丈夫、不要惹丈夫生气等道理。欧洲女性解放运动是近现代的事情，不过，在骑士爱情观念指导下的对贵妇人的歌颂和崇拜之风，对扭转女性在婚姻家庭中的地位，起到了非常重要的作用。

**理想的新娘形象**

西欧中世纪对年轻女子的审美观，影响着年轻骑士选择情人和妻子的标准，由于受基督教观念的左右，人们心目中的"好女人"形象首先是信仰虔诚、富有美德、行为高尚。从中世纪广为传颂的一些杰出女子的情况看，这方面的表现都很突出。尽管在教会宣传中，对女子的外貌并不重视，但在民间，除了心灵的内在标准，人们对女子外貌也有相应的要求，这从当时文学作品的描写中能看得较为清楚。爱丽丝是中世纪叙事诗中最优秀的女性形象之一，通过她我们能看到当时对女性美的标准：

当爱丽丝15岁的时候，出落得亭亭玉立，金色的头发披散在肩上，或用金色的丝线扎上。她的皮肤白里透着粉红，"洁白如二月雪"，"粉红似五月的玫瑰"。她的脸庞美丽可爱，脖子白洁细嫩如象牙一般，两条弯弯的眉毛下面那双碧蓝迷人的眼睛总是那样明亮并含着微笑。她小嘴，唇色如桃花，洁白的牙齿小而均匀。臂膀修长圆润，双手纤巧，两只脚好看得无可挑剔。她腰细臀隆、体态婀娜，"她到来时蓬荜增辉"，"容貌绝伦，举止典雅，即便是最有见识的男人也会因为她的美貌震惊得瞠目结舌"。这样的美女标准与今天西方人的美女标准已经大不相同了。

理想的女孩子除了美貌，还要有相应的内在品格，后者需要受

一名贵族女性对镜自画。薄伽丘《名媛》插图,14世纪

教育才能获得。对女子的教育会影响到其家人,对贵族女子的教育则直接影响到骑士,因而,贵族女子的教育情况是了解骑士某些状况的依据。中世纪对女子的教育很不系统,也不完善,教育内容主要集中在思想道德方面,而文化知识并不受重视。中世纪有关女性

**正在学习的女性。中世纪手稿画**

教育的材料比较少，也非常零散，从文学作品中的描写看，贵族家的女孩子有的被送到更高等级贵族的城堡中接受教育，有的被送到修道院接受教育。在城堡或宫廷中，教育内容大体有三个方面：一是道德和知识；二是宫廷社交礼仪；三是生活技能。

对贵族女子的知识教育远不如道德教育受重视，有些知识的学习也是围绕道德规范进行的。学习阅读是为了进一步理解《圣经》及其相关的道德说教，练习写作是为了记录忏悔的心迹。当然，学习文化知识还能满足贵族女性的一些生活需要，有些贵族女性利用学到的知识写诗、著述。尽管学习文化知识很有好处，但许多人对女子的文化知识教育持否定态度，认为她们一旦学会了读书写字，可能会阅读浪漫爱情诗和相关作品，从而使心绪放浪，沉溺于爱情和淫乱之中。当然，也有人对这种观点持否定态度，认为女子学习文化知识是日常生活的需要，不仅可使她们的心情趋于平静，是一种极好的精神消遣，也对日常家务管理有帮助。

人们通常以为女修道院在中世纪承担了女子教育的绝大部分工作，但实际上它并没起到很大的作用。从英国的情况看，并不是所有的修道院都设学校，而且即使有的话学校的规模也很小，能提供住宿的女子学校更少。一些女修道院不仅穷，而且规模小，没有能力照顾儿童。另外，一些女修道院学校也接收男童，有些像托儿所。各修道院学校所教授的课程内容并不统一，主要是与《圣经》有关的宗教知识。在城堡和宫廷中，女孩子们通常与男孩子一起接受文化知识教育，除了贵妇人的教导，也有从外面请来的教师。所学内容有拉丁文、法文和一些普及性知识，宗教奇迹和《圣经》故事也包括其中，有些内容稀奇古怪。图书在当时比较稀缺，是重要的财产，贵族在遗嘱中一般会专门提到这部分财产。当时，民间的主要图书有《圣经》、宗教祈祷诗、各类实用性图书，也有些寓言故事和浪漫传奇诗。

中世纪贵族女性受教育水平如何，很难从整体上予以评估。从12世纪许多贵妇人热衷于文化事业，成为行吟诗人或学者庇护人的情况看，她们不仅懂诗还能写诗，受教育程度相当高，这不排除她们经过初等教育后的继续努力。在13世纪，有些女性用拉丁文写出的论文不比男子逊色。玛瑞·德·法兰斯被誉为13世纪的才女，15世纪的奎斯丁·德·琵珊也被称为才女。

宫廷礼仪是上层社会社交场合的行为准则，其中包括言谈举止、待人接物、穿着打扮、礼貌修养等等。在大型的典礼仪式上、

克里斯蒂娜·德·皮桑（Christine de Pizan，1365—1430）——欧洲中世纪著名的女作家，面向一群男人发表讲演。中世纪手稿画

在隆重的宴会中、在人数众多的跳舞场，贵族女性的表现一定要入流得体，遵守贵族社会中各种行为规则。此外，在社交场合中如何以声音和举止迅速引起心目中骑士的注意，是许多贵族女性的一种社交手段。有人曾专门写书介绍贵族女性的社交方式、优雅礼仪，其中也包括下棋、讲故事、机智的妙语应变、唱歌、跳舞、演奏各

和男子下棋。《马内塞古抄本》插图,14 世纪,海德堡大学图书馆藏

种乐器等。此外,贵族女性也要了解和参与比武大赛、狩猎等骑士的一些活动。

在修道院学校和贵族城堡的课程里,除了阅读和写作之外,还有算术、绘画和音乐。另外,她们也学习日常生活中的常识和技巧,比如如何搭配香料,如何制作香膏、草药和糖果。她们也要学习家庭医疗知识和诊治小病、用药、包扎伤口、护理病人等技能。还要学习各种食品的制作，例如，烹制各种甜点、宴会大餐的设计和准备、甜酒的勾兑等。纺织、裁缝等技艺也是学习的内容。

无论在哪里接受教育，她们都免不了受到严格的管教。到大贵族家的女孩子每天要为女主人做许多服务性的工作，事情做不好会遭到女主人的批评或训斥。此外，父母对孩子的管教也很严厉，这是中世纪的风气，孩子要无条件地尊敬和服从父母，而且还会经常遭到家长的打骂。

## 婚礼仪式

西方人的婚礼有自己的一套传统和程序，在中世纪，还没有像今天这样对参加婚礼的人们有较为统一的服装规定，但有一个原则，即新娘和新郎要穿最好的服装，其标准是华贵，而当时华贵服饰的材料主要是毛皮和丝织品。大贵族家的新娘，其婚礼服一定是非常奢华的：衬衣由上好的亚麻布制成，洁白纯净，外面是长至脚踝的貂皮长袍，长袍内外由丝绸面料罩着，仅露出貂皮油亮的领口和袖口，袍子外面的面料是非常昂贵的深红色丝绸，在领口和袖口的边缘都镶着窄条金边。长袍外面，还会穿上一件蓝丝绸长外套，外套下摆有些像裙子，比里面的长袍要宽大，但长度一样。这件外套的领口呈方形，使里面长袍的貂皮露在外面，袖子宽大而且较长，在腕口处系紧，袖头开衩，使里面深红色丝绸及貂皮袖口稍露出来。蓝丝绸外套的边缘用金色丝线绣着花纹，在背后以合适的褶皱系紧，使胸部线条显现出来。新娘的胸下腰部会系上一根光亮富有弹性的宽腰带，腰带在背后用一排绳扣紧密地系住，显露出胸部和臀部的线条。腰带上镶嵌着各色宝石，不同的宝石有不同的寓意，有除病的，也有消灾的。穿在最外面的是紫红色的斗篷，斗篷边缘绣着各种花纹，几条褶皱使斗篷自然下垂，在肩膀处以红宝石和蓝宝石为扣系住。新娘的鞋小而窄，鞋头尖，上面绣着金色图案。她脸上蒙一片面纱，头上戴镶嵌宝石的纤细金冠。

中世纪的婚礼要在教堂举行，亲朋好友都来参加，每个人都穿着节日的盛装，并请来行吟诗人和乐手助兴。当新郎、新娘和客人们来到教堂圣坛前，神甫已等在那里，仪式正式开始。在庄重的气氛中，神甫首先要向两位新人提问：

> 你们到了结婚的年龄吗？
> 你们是不是有被禁止结婚的血缘关系？
> 你们的父母同意你们结婚吗？
> 结婚预告已经发过三次了吗？
> 有人反对你们的婚姻吗？
> 你们的证婚人来了吗？

当这些问题都得到明确回答后，神甫会说，上帝将在天国光临这个婚礼，为婚姻降福。然后，神甫会带夫妇二人一起祈祷。祈祷后，神甫以洪亮的声音询问他们是否愿意与对方结为夫妻，当得到双方肯定回答后，新娘应由其父亲交给新郎，如果没有父亲则由她母亲完成这一程序。然后，两个新人把手相互扣在一起，新郎会说："允许我保护她，使她身体健康免遭灾难，永远以对上帝的信仰及我自己的人格担保。"

神甫走上前来，手中捧着一本《圣经》，上面放着一枚金戒指，

英王亨利一世与安德斯的贾德维加（Jadwiga）的婚礼。14世纪手稿画

对戒指祈祷后，将圣水洒在戒指上，并说："愿人类的创造者、保护者、慷慨的施予者、永恒的上帝赐福于这枚戒指"，然后，由新郎拿起它依次在新娘的左手食指、中指穿过，最后戴在无名指上，同时说道："以圣父、圣子和圣灵的名义，凭这枚戒指你我结合，凭我的躯体你我共同信仰，凭我所有的财富你我共同捐献"。从此，这枚戒指要一直戴在妻子的无名指上，直到生命结束。

**贵族婚礼仪式。13世纪手稿画,法国国家图书馆藏**

随后,开始做弥撒,弥撒过后,新郎、新娘手持蜡烛举行奉献仪式,为教会捐款。这些程序过后,他们跪下来接受神甫的祝贺和祈祷。这时,四名年轻的骑士展开一幅紫色的罩巾,盖在这对新婚夫妇的头上,象征着上帝赐予的美好爱情应谨慎地隐藏起来。此刻,唱诗班的圣歌响起,新郎接受神甫的平安三吻,然后,新郎转而亲吻新娘,以示传达平安祝福。至此,婚礼仪式结束。

## 贵妇人

在我们以往的印象中，贵妇人雍容华贵、浪漫多情，整日出入社交场合，唱歌、跳舞、下棋、演奏乐器、举办宴会、与骑士调情，这大多是文学和影视作品留给我们的印象，实际上，中世纪的贵妇人们平日大都非常辛苦。当丈夫在家时，她除了帮助管理家庭日常事务外，也要负责照顾并教育孩子、接待客人等工作。当丈夫出外征战、朝圣时，作为女主人，她要掌管或参与掌管整个城堡的事务，督促城堡中的人员各尽其责，使城堡的各项事务正常运行。如果此间有外敌进攻，她还要与城堡的守护者们一起抵御敌人，保卫城堡。

贵族的家务管理较为复杂，最基本方面是吃、喝、穿、用，这些都与财务有关，因此，作为妻子，要了解城堡内各方面情况，人、财、物的具体情况都要装在心里，尽管一些大的城堡中各个方面的管理都有专人负责，但贵妇人仍对家庭中的许多事务做到心中有数。妻子善于理家对家庭经济的重要性，不亚于其丈夫财富收入的重要性，因为精打细算可为家庭节省很多开销。一位精明的妻子会了解麦子从庄园中收获到在面包房烤出面包的全过程以及其中的损耗情况，也要清楚葡萄酒和啤酒的酿造程序和所需粮食的数量，还要懂得熏肉和咸肉的制作方法等。在每个城堡的储藏室都放着一些大桶用来盛盐和各种香料，主妇平日要注意这些东西是否充足，如果不足，要及时安排人购买。西欧中世纪的主要调味品是胡椒、丁香、生姜、大蒜、葡萄干、蜂蜜、奶油、糖等等。中世纪时，人们喜欢口味重的食品，因而使用大量的调料。除了食物，家里人的衣服都需要纺织并做出来，或者从外面购买一些服装以满足需要。城堡中各种日常所需物品大多出产于自己的庄园，因此，妻子对庄园

中世纪的贵妇人。画面细节虽暗示这七名女子是基督教七种美德的化身,但仍展示了世俗社会贵族女性的典型穿戴和气质

的情况也要熟悉,每年种什么农作物,每项种多少,什么庄稼产量高,何时播种,何时收获,什么土壤适合种什么作物……庄园种植方面的大部分事情,称职的妻子都应懂得。另外,家禽和家畜的喂养,池塘中鱼的饲养,果园和菜地的管理和耕种等等,贵妇人也都要操心。

第十章 婚 姻

指导酿酒。中世纪手稿画

  对城堡内各类仆人的管理也是贵妇人的重要工作。她既要监督仆人的工作,也要仁慈地关注他们的健康和生活,在适当的时候要让仆人们享受到丰盛的食品,为他们提供无酒精饮料或淡啤酒,劝他们多吃多喝,表现出主人的宽厚和慷慨。如果仆人病了,还要关爱照顾他们,为他们买药治病。在冬夜的晚上,要让仆人们吃饱,并让他们坐在炉火旁,放松休息。对那些年轻而又不谙世事的女孩子,要尽量安排她们靠近自己的房间住,以便随时帮助和提醒她们,防范不必要的麻烦事发生。14世纪晚期,一个叫曼内杰的法国人,

在厨房发号施令。Eileen Power《中世纪的女性》插图

为贵妇人写了一本指导手册,教导她们如何成为一名好妻子,其中讲到,女主人应了解家内侍女的各方面情况,如谁是外来的,谁是当地的,谁是别人推荐来的,谁又是自己找上门来的。还要知道家中每一个仆人来到这里的时间、家庭出身和背景、父母的名字和居住地等。书中还谈到如何观察新来的仆人,并提示到,如果他们态度有些高傲,一旦他们离开你时可能会骂你。如果相反,他们讨好、献媚、奉承你,也不要相信他们,他们可能会与人合伙欺骗你。如果他们对你说话时会脸红,并且当你纠正他们的错误时,他们会沉默不语,面露羞愧,对这样的人,一定要关爱,像对待子女一样对待他们。另外,女主人还要了解哪个仆人好喋喋不休地讲话,哪些人总是默默不语地干活;哪些人喜欢喝酒,哪些人贪玩等。女主人要为仆人们订立出明确的规则,并且要求他们执行,要禁止他们之间的争吵,

化解他们相互间的矛盾,并且要保护品行端正、做事认真的人。

贵妇人的家内事务还不止这些,孩子的教养也是她分内的事,一般说来,出生在贵族家庭的新生儿都有奶妈喂养,但一些细心和挑剔的贵妇人经常亲自喂养自己的孩子。当子女到了一定的年龄,通常要被送到地位更高的领主家接受培养和教育,尽管子女不在身边,作为母亲对他们各方面的担心和操劳是不会间断的,同时她还要担负起对低等级贵族家子女的培养和教育。此外,城堡经常会有客人来访,为这些人准备食品、安排住宿等事务,女主人也要过问。如果是和平时期,丈夫也在家中,妻子只需劳心费神家务事,一旦打起仗来,丈夫又不在家,妻子还要担负起守卫家园的责任。在英国对苏格兰的战争中,巴肯伯爵夫人曾率军顽强守卫波维克城堡,反抗英王爱德华一世的进攻,最终失败,被爱德华一世下令吊在城墙上,供士兵们嘲弄。在 15 世纪,当英国国王下令收回伯肯翰姆城堡时,遭到这座城堡女主人的抵抗。起初,国王派遣代理人前去办理此事,以为只需简单走一下程序就可办妥。但是,当他们来到城下时,发现护城河上的吊桥已经吊起,城堡主的妻子艾丽斯正站在塔楼上,率领军队严阵以待,50 名战士全副

**教育孩子。中世纪手稿画**

拿起武器保卫城堡。中世纪手稿画　　张弓捕猎。15世纪手稿画

武装,手持长剑、长矛、大刀、弓箭等各种武器,城堡内准备好了投石器、木料、燃料等护城物资。这位夫人对来者喊道:我希望你们能维护和平,我不愿为占有此城堡而死亡,如果你们破坏和平,发动战争以获得我的领地,我将拼死进行保卫,这是我聪明的选择,死于守护城堡,比我丈夫回来后处死我更好,因为他委托我保护这座城堡。

此外,如果丈夫在外作战被俘,妻子还要为之筹集赎金,可能为此还要卖掉金银器皿,用钱把丈夫赎出来。如果这笔钱数目很大,妻子可能还要乞求大主教等有势力者帮助斡旋,使丈夫尽快被放出来。如果丈夫死了,妻子通常要成为遗嘱的执行人,并且要担负抚养孩子的责任。

杰弗里·卢特瑞男爵与妻子和女儿告别，去战斗或比武

妻子的职责与当时社会对妻子的要求联系在一起，中世纪有一种理论认为，妻子是丈夫的最好伴侣和助手，上帝在创造夏娃时没有从亚当的脑袋上取材，因而女人不会居于男人之上，成为男人的领导者；上帝在创造夏娃时也没从亚当的脚上取材，因而女性也不会被男人踩在脚下，受男人的奴役。上帝从亚当的肋骨上取材创造夏娃，足以证明女人是男人的伴侣、助手和朋友，协助男人做事。然而，由于教会的宣传，关于妻子与丈夫关系的理论中更多的是妻子如何依附于丈夫的内容。不过，在实际生活中，女性的地位也是因人、因家庭、因具体情况而异，在一些家庭中妻子的地位可能会高一些，甚至丈夫有时也会听命于她，而在另一些家庭中，妻子的地位可能要低一些，实际情况差别很大。不过，妻子在家庭生活中发挥着重要的作用却是不争的事实。

男人把戒指套在女人手指上。14世纪手稿画,大英图书馆藏

在现实生活中,妻子的地位与社会对她的角色要求有关,社会形成的妻子观念影响着女性在婚姻家庭中的地位。不同社会对妻子的角色有不同要求,每个社会都会形成主流的妻子观念。中世纪以基督教观念为核心形成的妻子观对家庭和夫妻关系有着重要影响,而中世纪基督教的妻子观某种程度上又是建立在其女性观的基础之上,当时教会对女性的贬低态度,也影响了社会对"妻子"这一形象的认知和态度。

女性是恶魔的工具,是低贱和邪恶的东西,这种观念在中世纪早期教会中就已经形成,整个中世纪期间,这种观念存在于教、俗社会中,其基本理论是:在人类之初,上帝与人之间并没有女人,依附于男人的女人自从成功地使她的丈夫被逐出伊甸园后,其罪恶一直都没有停止。关于女性邪恶、低贱的说法,并非源于《圣经》

第十章 婚 姻

中世纪浴室中从事性服务的女性。中世纪手稿画

中耶稣基督的言论,而主要是来自圣保罗的相关言论,他不加掩饰地指出,女人是为男人造的,要服从男人,这些道理不需教会人士的指导,她也不能在教会中教导别人,女人们只需通过静静地思考就能知道,她们是夏娃的女儿,夏娃曾诱惑亚当违抗了上帝的禁令,因此,她们应培养沉默和驯服的德行。在此基调之上,社会对妻子的观念大体是,把她置于依附丈夫并比丈夫低下的地位。这种对女人的贬低观念反映在当时的各种理论尤其是在性方面的理论中。13世纪一位德国学者埃波图斯根据亚里士多德的理论写成《女性的秘密》一书,广为流传,书中谈到丈夫和妻子在性交中的快感问题时认为,女人在性交中比男人能获得更大的快感。其理论依据是:一、

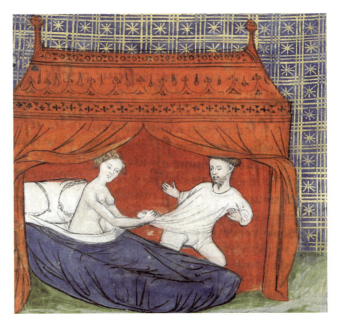

女人诱惑男人。中世纪手稿画

女人是不完整的人,自然倾向于和男人结为一体,接纳来自男人的东西,并获得完整和快感,因此,更大的欲望和愉悦属于女人;二、女人的性高潮是排卵和性交过程的接纳,女性的双重愉悦比男性的单项愉悦更大。女性的性欲过强,不仅出于生理方面的原因,也因为她们理性判断力弱和不完整,处于低等精神发育阶段的不完整的女性天生依附处于高等精神发育阶段的趋于完整的男性。在中世纪一些寓言故事和讽刺诗中,女性也往往被描写成性欲旺盛、淫荡而永不满足的角色。实际生活中,一些人也持这种观点,13世纪有位作家讲到他与妻子的关系时抱怨说,他的妻子经常强烈地要求他履行丈夫的职责,而他却体力不支,精力不足,由于不能满足妻子的

殴打妻子。Eileen Power《中世纪的女性》插图

要求,心急如焚的妻子经常狠狠地揪他的头发。

贬低和嘲笑妻子的现象也反映在民间流传的故事中,有个故事讲道,一位妻子很不通情理,整天与丈夫对着干,总做与丈夫要求相反的事。一天,她丈夫邀请几个客人来聚餐,把桌子摆在花园的小河边。他妻子背对着河水,远离桌子,坐在那里,以很不友好的表情注视着客人们。"让我们的客人高兴起来,靠近桌子来坐。"丈夫对她喊道,但她却不理会丈夫的要求,把椅子向后退,离桌子更远,退到了河的边沿。丈夫看到此情景,非常气愤地喊:"靠近桌子来坐!"她却猛地往后退,结果连人带椅子都掉到了河里,沉入水中。丈夫急忙跳到一条船上,准备用杆子寻找并救助妻子,可是,令人不解的是,他却朝河的上游划去。邻居们感到奇怪,问他为什么不到下游去营救,这位丈夫很无奈地说:"你们不知道,我妻子总是做与我设想相反的事,她的行为与常人不同,我想她此时已逆流而上了,肯定不会像其他人一样顺流而下。"

贵妇人的财产直接关系到她在家庭和社会中的地位,在中世纪,土地是财产的最主要形式,也是财产的重要标志,当然,财产的形式很多,除了土地外,还有货币、首饰、贵重器皿、房屋、家具、衣物等等。通常,贵族家的未婚和已婚女性,都会有些财产,只是由于家境不同,所拥有财产的数量多寡不同。有责任心的父亲除了要悉心考虑女儿的婚姻外,也要给女儿留有一定的财产做嫁妆,有些父亲由于担心自己在女儿出嫁以前死去,便把这方面的安排写入遗嘱。在中世纪,如果一位姑娘结婚时没有一定的财产作陪嫁,会受到社会各方面的蔑视,即便是出身于下层社会的女孩,出嫁时家长也要想办法给她置办些嫁妆。鉴于这样的社会风习,教会通常会为家境贫寒的姑娘们捐助些嫁妆,以此作为一项慈善事业。女孩结婚后,她所拥有的土地便划归到丈夫名下,并成为其丈夫的财产,尽管丈夫要处理这部分财产时应征得妻子的同意,但对这部分财产的处理权主要控制在丈夫手中,如果妻子想出售或转让这部分财产,必须经过丈夫同意,否则无效。一旦丈夫去世,妻子可继承亡夫地产的三分之一,这个比例通常在婚礼上就被确定下来,即使日后丈夫转让了财产,这个比例数也不得缩减。如果未亡人的这项遗产得不到落实,她可到领主法庭提起诉讼,以保护自己的合法权益。

在中世纪,财产的多寡是衡量一个女人价值高低的标准,也在很大程度上决定了她们的命运。未出阁的姑娘如果拥有大片土地,她周围的人将把她视为具有极高价值的人物,并且,她的婚姻会受到各方面的干预。妻子拥有财产继承权利的话,她的丈夫会非常重视这方面的事情。没有孩子的寡妇,若拥有从亡夫那继承来的财产,她即使已不年轻仍会受到周围人的重视和未婚男子的青睐。当然,

圣尼古拉斯从窗户里丢进一袋金子,帮助为三个女儿的嫁妆愁苦不已的父亲。Gentile da Fabriano, 约 1425 年

宴会上的贵妇人形象。15世纪手稿画　　13世纪的寡妇形象。中世纪手稿画

这种情况并不都是好事。求婚者很多只是冲着财产来的。中世纪时，很多有一定财产的父亲由于担心领主干预女儿的婚姻，常常在女儿很小的时候便把她嫁出去，尽管教会规定女孩子结婚的最低年龄为12岁，但许多父亲在她们7—8岁时就安排她们出嫁，有的女孩子甚至还在摇篮中时，家长就给她定亲，这使许多女孩子非常小的时候就成了别人的妻子，并且在很小的年龄就生了孩子成为母亲，她们的喜好、情趣以及爱情根本不被人们考虑和重视。不仅年龄小的女孩子如此，年长寡妇的婚姻也要受到领主或国王的控制，领主还可以从寡妇那里获得她自主选择丈夫所应付的可观费用，除非她能从领主或国王那里购得结婚的权力，但这种权力并不能轻易购得。《大宪章》颁发之前，国王有权力也有能力控制他纳税领地上寡妇们的再嫁行为。

中世纪的贵族女性尽管能够占有一定的土地,也可继承、出售、转让这部分财产,并且可在法庭上为自己的土地继承权利提起诉讼;但是,女性的全部生活都在男人的保护和控制之下,在她结婚之前是她的爸爸,在她结婚之后是她的丈夫。如果在她结婚之前父亲已去世,或结婚以后丈夫去世,她将被置于她父亲或丈夫的领主监护之下,领主认为她的婚姻与自己有着法律的关联,因为她未来的丈夫将成为他的附庸,这是关系到领主切身利益的大事,不能坐视不管。

贵妇人中也有不畏强权为自己的合法权利据理力争者。1252年,伊莎贝拉伯爵夫人面见英王亨利三世,对国王侵犯本属于她的一份遗产监护权提出抗议。这位伯爵夫人面对国王说道:"我的国王,你为什么不面对公正?人们在你的法庭不能获得公平和正义。你虽被指定为上帝与我们之间的代言人,但你却不能对你自己和我们进行有效的管理……另外,你有恃无恐,没有廉耻地以各种方式压制国内的贵族们。"听到这些,国王不无讽刺地回答:"这是什么意思?我的伯爵夫人。你用这样的口气是因为英国的贵族们已经给你法律特权并使你成为他们的代言人和辩护人吗?"伯爵夫人更不客气地回答道:"并非如此,我的领主,如果你的王国中的贵族们已经为我们提供了一部宪法,并且你也颁布了这部宪法给我们,这部宪法也是你父亲同意赋予我们的,你也曾同意并宣誓遵照执行,还使其不受侵犯……我虽为一个女人,而且我们所有人,即你的可信赖的附庸们,在所有威严的法庭面前起诉你,苍天和大地将是我们的证人,由于你不公正地对待我们,得罪你我们是无辜的,我们的主、复仇的上帝会为我报仇。"听到这些,这位国王无言以对。

贵族女性所拥有的一定财产权利,不仅在很大程度上决定着她

不屈服于依附男人命运的女性:克里斯蒂娜·德·皮桑在丈夫死后立志写作,成为中世纪著名的女作家。14世纪手稿画

们的社会地位，也决定着她们能在较宽阔的范围内发挥社会作用。在中世纪，军事通常是男人的事，但有些贵族女性在此领域也有出色表现。征服者威廉的孙女马蒂尔达在 12 世纪期间曾多次率领她个人的军队参加英国内部的战争，她很小就嫁给了德国皇帝亨利五世，善于玩弄权术，人们习惯地称她为马蒂尔达女皇。除了军事方面，许多贵族女性在政治方面也有重要表现。卡斯提尔的布兰奇在 13 世纪曾控制法国的政治长达二十余年。在英国，征服者威廉的妻子、亨利一世和亨利二世的妻子都曾在她们的丈夫出征时担任摄政，掌管朝廷政务。贵妇人艾琳娜是法国西南部阿奎丹的女继承人。她的第一任丈夫是法国国王路易斯七世，这桩婚姻由于她与安条克的雷蒙德在圣地的艳事而结束。事后她不仅没遁入修道院忏悔赎罪，反而又与亨利结婚，这位丈夫两年后成为英王亨利二世。艾琳娜在政治生活中从不甘于寂寞，非常活跃，她干预英国的政治事务并怂恿她的儿子们反叛他们的父亲，最后激怒了亨利二世，把她囚禁于索尔兹伯里城堡。亨利二世死后，她继续活跃于英、法各国的城市与城堡间，主持法庭事务，插手各地的政务，并且极具影响力。当她 80 岁时，还参与孙子亚瑟与儿子约翰之间的权力之争，并起到关键性作用。

除在军事和政治领域发挥影响力外，许多贵族女性对社会文化和教育起到了积极推动作用。她们有的亲自搞诗歌创作，演奏乐器，从事文化活动；有的凭借自己的地位和影响力成为文化和教育事业的保护人和倡导者。上面提到的艾琳娜的祖父阿奎丹的威廉九世公爵是最早的一位行吟诗人，许多人认为是艾琳娜把法国南部普罗旺斯抒情诗介绍到法国北部和英国的，她是骑士爱情观念的积极支持者和传播者。艾琳娜的女儿香槟的玛丽也是行吟诗人的庇护人

12世纪圣咏集中的赞助人立像,被认为是晚年的艾琳娜

和赞助者,许多行吟诗人和文人聚集在她的宫廷中,在当时的文化界很有影响力,促进了当时西欧文化的发展。《爱的艺术》的作者安德瑞斯就是玛丽宫廷中的一个文人,安德瑞斯在写这本书的过程中,得到了玛丽的关注和建议。在艾琳娜和玛丽的宫廷中,经常有行吟诗人演唱爱情诗,也经常展开爱情方面问题的讨论。一言以蔽之,贵妇人对西欧中世纪宫廷文化和教育的发展起到了重要的推动作用。

# XI

第十一章

爱 情

爱情是人类的一种自然情感,同时也具有社会属性,不同民族不同时代爱情观念不同。在西欧中世纪骑士中间形成了一种有悖于当时传统的新爱情观,这种爱情观不仅影响到骑士们的行为,而且对西欧后来的文学、艺术、思想观念、社会礼仪等都产生了重要影响。那么,这种爱情观念是如何产生的?它有怎样的内容和特征?对当时和后来都产生了哪些重要影响呢?

## 抒情诗

在 11 世纪末,法国南部地区以普罗旺斯为中心,产生了一种新型的抒情体诗歌,它用普罗旺斯方言创作和演唱,故被称为"普罗旺斯抒情诗"。这并非是个准确的称呼,实际上,它的产地也包括法国南部的其他地区。这类诗歌后来传到法国北部、意大利、德国、英国等地,它集中反映了骑士新的爱情观念,并对西欧后来的文化产生多方面影响,因而受到学界的重视。

普罗旺斯抒情诗人被称为"特鲁巴杜尔"(troubadour,行吟诗人),troubadour 在法语中的意思为"发现者,创造者,创新者",这也显出此类诗歌的创新性。行吟诗人中四分之一左右来自普罗旺斯地区,还有四分之一左右来自相邻的朗格多克,其余大多出生于法国南部其他地区,还有少数来自西班牙和北部意大利。他们多是地位比较低下的穷困骑士,也有少数出身于名门望族的大贵族。此外,还有一些出身于市民阶层,是布商、裁缝、皮革匠、金匠以及烤面包师傅的儿子。也有个别神职人员由于厌倦枯燥乏味的宗教生活而转变为行吟诗人。在这些诗人中还有为数不多的贵族女性,她们都受过良好的教育,并且都自称"非常漂亮"。这些诗人有着较高的创作和表演天赋,他们有些游走于各个城堡和宫廷之间,在贵族的宴会、庆典、比武大赛等各种娱乐场合进行表演;有些由于才

卡斯蒂利亚国王阿方索十世指导他宫廷里的行吟诗人和舞者赞美圣母和圣子。阿方索十世《圣母玛利亚歌曲集》插图,13世纪

华横溢,乐器演奏得精湛,歌声动听感人,被大领主或国王豢养在宫廷中,或封予一份采邑,享受优厚的待遇。

  第一位有影响的行吟诗人是阿奎丹公爵纪尧姆(1071—1127),他被誉为"第一行吟诗人",在他保留下来的 11 首诗歌中有 5 首对后世影响较大。他树立起用方言作诗并注重题材和韵律的典范,其诗歌中既有粗俗、淫秽题材,又有高雅、浪漫情调,同时也不乏幽默、隐喻、幻想、愤世嫉俗等特征,其作品为普罗旺斯抒情诗后来的发展奠定了基础。在 12 世纪,当此类诗歌蓬勃发展之时,出现了一些杰出的代表人物,如阿诺特·丹尼欧、培拉·维都、伯纳

骑士的爱情。《马内塞古抄本》插图，14世纪，海德堡大学图书馆藏

德·德·万塔道恩、雷蒙·德·米拉维等，其中阿诺特·丹尼欧的爱情诗得到文艺复兴时期但丁和彼得拉克的高度评价，彼得拉克认为他是"最伟大的爱情大师"。行吟诗人们依据自己的兴趣和爱好进行创作，行文质朴、亲切、真诚、易懂，但也有华丽、怪异、晦涩、难以理解的地方，甚至有行吟诗人夸耀自己写的诗他自己都读不懂。他们的诗充满着自我意识，机智并富有世俗性，而且都尽量表现得与众不同。到12世纪中叶，除了最流行的"情歌"题材外，又演化出"讽刺诗""辩论诗""破晓歌""田园诗""警句诗""挽歌"等题材。到13世纪初，教皇英诺森三世召集十字军镇压法国

阿方索宫廷中的行吟诗人。阿方索十世《圣母玛利亚歌曲集》插图,13世纪

一名在比赛中脱颖而出的行吟诗人收到一只雀鹰作为奖品。13世纪手稿画

南部的阿尔比教派,普罗旺斯抒情诗惨遭灭顶之灾,幸存的行吟诗人大多逃亡其他地区,从此这类诗歌走向消亡。

　　普罗旺斯抒情诗对西欧其他地区的文学和思想观念都产生了深远影响。它们传到法国北部,影响了那里爱情诗的风格和发展走势。12世纪,法国北部用罗曼方言(Romance)创作的"传奇"叙事诗,亦受到普罗旺斯抒情诗的影响,主要表现骑士的爱情和冒险。这类作品中的"亚瑟王传奇"系列,对西欧后来的思想文化产生了深远影响。此外,在13世纪,意大利、西西里、西班牙、德国等地,由于受普罗旺斯抒情诗的影响,都出现了用民族语言写诗的现象,从而彻底改变了以往拉丁语诗歌一统文坛的现象。

　　以上我们可看出普罗旺斯抒情诗的主要贡献:一是使用方言进

行创作；二是大力抒发爱情观念。方言文学促进了欧洲各国民族意识的觉醒，而骑士的爱情观念对文艺复兴运动及后来的西方文化都有一定影响。

**新的爱情观**

骑士的爱情观主要通过文学作品流传下来，内容较为庞杂，各家的总结和归纳也不尽一致。从文学作品所反映的情况看，骑士的爱情观有两个主要特征：一是贵妇人被置于崇高的地位；二是骑士对贵妇人进行不懈的追求。而其他令人眼花缭乱的各种表现，都可被归入这两大特征之中。

在反映骑士爱情的文学作品中，贵妇人往往被推崇至极高的位置并大加赞美，其具体表现有几种方式。首先，颂扬贵妇人的社会地位高贵，作品中的女主人公大都出身名门望族。当时人们的观念是，出身高贵者令人尊敬和羡慕。其次，对女性容貌和品德的赞美达到无以复加的程度。正如一首诗中唱到的：

> 超出我的想象／令我震颤／上帝赐予她如此美丽容颜／上帝对人类的一切都慷慨地给了她／让她点燃照亮整个世界的光焰／她完美无瑕／通过她你可知道什么是尽善尽美在天底下。

在文学作品中，贵妇人的美貌和美德被连在一起予以歌颂，使之成为人世间最值得赞美、珍视、爱慕、敬仰的对象。贵妇人被推崇至缥缈梦幻的境界，令人感到遥不可及，高不可攀。12世纪乔弗里·儒戴的著名诗篇《遥远的爱》中，充分表达了作者对远方情人

恋爱中的情侣。《马内塞古抄本》插图,14世纪,海德堡大学图书馆藏

的思念,以至于五月的鲜花美景、远方鸟儿的歌唱,都不能使他摆脱对情人的思念,他坐卧不宁,心烦意乱,任何春光美景都使他更痛苦、更惆怅。此外,一些作品把贵妇人捧到超自然的境界,甚至带有神性。例如:"来自你眼中的一丝微笑,是我的天堂。"不过,在骑士的观念中对上帝的崇拜仍占据着绝对的位置,这种爱情是上帝保佑下的情感,还没有超出信仰的前提。

骑士对贵妇人的追求也呈现出一些基本特点:

其一,追求贵妇人的骑士的地位大都明显低于贵妇人,文学作品中的骑士往往都愿像仆人一样处于卑下的地位,仰慕贵妇人,情愿侍奉她,为她献身。如:

可敬的夫人／恳求您待我如您的奴仆／我愿像侍奉高贵的领主一样效力，别无所图／让我在您的指挥下／体验那高贵、礼貌、文雅和幸福／如为您献身效力／愿您不会无情地拒绝／使我悲伤苦楚。

其二，骑士在追求贵妇人的过程中谨小慎微，没有信心，甚至自怜自哀。如：

当我看到云雀展翅在阳光下欢快地飞翔／那是甜蜜的喜悦占据它的心房／噢／如此欢快的情景却引起我忌妒的感伤／我怀疑我的心是否能直接融合于我的愿望。

唉／我自以为很懂得爱／而实际却是一片空白／我不得不爱恋她／但又得不到她的青睐／她已夺走了我的心和我的存在／也从我这夺走了她自己和整个世界的光彩／留给我的只是深深的渴望和期待。

当看到她明亮的双眸／我立刻控制不住颤抖／那是令我愉快的明镜／把我映在她的眼中／显现出我从死亡中的再生／仿佛自己是纳塞索斯／化作泉水中的美丽倒影。（纳塞索斯是希腊神话中因爱恋自己在水中的倒影而憔悴致死的美少年，死后化为水仙花——笔者注）

其三，在追求爱情的过程中骑士专一投入、百折不挠、无怨无悔。对贵妇人的追求不得三心二意，不得同时爱上其他女人，12世纪后期形成的贵族爱情三十一条规则中对此有四条概述："真正的爱恋者不能同时爱上两个人"；"真正的爱恋者除了自己的情人不希

**充满欲望的舞蹈。《玫瑰传奇》插图，14世纪，大英图书馆藏**

望任何人的拥抱"；"唯独真诚才产生一个人的爱情价值"；"真正的爱者无时不在思念其情人"。为了赢得贵妇人的爱，骑士甘愿忍受各种苦难，其中不仅包括历尽各种艰难险阻时所遭受的身体折磨，还有来自贵妇人的拒绝、漠视、考验以及各方面的谣言诽谤所带来的心灵熬煎。

骑士与他的情人。手稿画

其四,骑士的爱情大多是婚外恋,这是对基督教传统观念和封建婚姻制度的一种反叛,被教会视为罪恶的通奸。然而,在骑士文学中对这种观念和行为不但没有罪恶感,还持有冠冕堂皇的理念,认为贵妇人受到爱慕,其丈夫得到的是间接的称赞,而骑士则会获得勇敢的名声。

骑士与恋人缠绵。《玫瑰传奇》插图，14世纪，大英图书馆藏

其五，骑士爱情观念中也有柏拉图式的理想化精神追求。中世纪是宗教禁欲主义大行其道的时代，骑士爱情观尽管与基督教观念有冲突，但并不可能完全超越时代，骑士文学所描述的情感，大多属于内心的渴望和精神的向往。有些作品中极力歌颂和思念的"她"究竟是谁，令后来的研究者难以捉摸，是传说中的某位女子？还是圣母？或是圣地？谁也说不清楚。

总之，骑士把女性认真、恭敬地推崇至很高的地位，同时把他们自己的位置和姿态放得较低，并尽心竭力地追求。这种爱情观念后来得到发展和演化，并体现在人们的行为方面，影响到社会风气和女性的社会地位。

就人的自然天性而言，爱情的产生似乎无所谓什么原因，仿佛很难讲出什么道理；但是，当爱情成为一种新的观念，对以往旧有观念形成了冲击，并对后来的社会产生了影响，这种观念就应该可以被分析和说明。由此，骑士的爱情观念是怎么产生的、其缘由是什么也就成了学术界的问题。

骑士的爱情观念最早产生于11世纪后半叶法国南部以普罗旺斯为中心的地区。当时，这一地区经济发达，政治稳定，文化繁荣，是欧洲的发达地区之一，可以与意大利北部地区相媲美，这为当地的文化繁荣和思想观念的活跃提供了社会保障。经济发达、收入丰厚，再加上较为和平的政治环境，使许多贵族追求奢侈生活，频频举行娱乐活动，并寻求所谓高雅的生活方式。这时期的贵族骑士既是军人，身上有着桀骜不驯、勇武蛮横的习性，又有着奢侈享乐、附庸风雅的特征，前者能够激发他们对束缚他们的陈旧思想观念发起挑战，后者可促使他们倡导高雅的社会风尚。

当时，法国南部宫廷和城堡中的贵族骑士奢侈、享乐、挥金如土的生活方式令神职人员和一般百姓感到震惊，从一份12世纪图鲁斯宫廷娱乐和消费活动的记载中可看到，在图鲁斯，一次宫廷娱乐活动中，领主送给一名骑士10万先令，这名骑士立即慷慨地将之分为100份，给了100名骑士，每人1000先令。另有一位领主，用12头牛翻耕城堡中的道路，并把30000先令播种在地里。还有一位领主，牵出30匹战马在大众面前烧死，以博得众人的赞赏和喝彩。奢靡、炫富风气兴起的同时，贵族骑士们的穿着打扮一改简朴实用的风格，开始追求奇装异服，服饰的材料追求昂贵，颜色和式样花哨、怪异，衣服的边缘被裁剪出许多小球和小舌头样子的图形。在发式上，他们也追求怪异时髦，11世纪末，一名教士非常不满地记载了他们的模样："很长的头发从前额处分开垂下来像女人

**奇装异服的贵族骑士**

一样……现在几乎每个人都戴卷发套,蓄胡须,把他们的脸搞得像充满猥亵性欲的公羊。"处于这种精神状态下的贵族骑士对女性有着不可扼制的追求欲望,据编年史家记载,在12世纪的法国,有一个贵族骑士极力追求女色,他对各种各样女人大献殷勤,并扬言要在这方面声名远扬,出人头地。他的葬礼有10个合法的和23个不合法的孩子参加。

骑士是职业军人,不从事生产劳动,平日里除了军事训练,就是狩猎、比武、吃喝玩乐、听行吟诗人演唱,他们对女人的追求和喜好自然会被行吟诗人写入作品当中。被誉为"第一行吟诗人"的纪尧姆被编年史家评价"具有放荡和愉快的心情",是"这个世界

骑士与贵妇人书信传情。《马内塞古抄本》插图，14世纪，海德堡大学图书馆藏

中最伟大的献媚者之一，也是对女士花言巧语的伟大能手，还是一名优秀的武装骑士，并且慷慨豪爽地施舍，用了很长时间走遍世界去欺骗女人"。然而，骑士对女性的追求并不是停留在较为原始的强取豪夺阶段，由于生活的富裕和时间的闲暇，他们对异性的追求讲究礼貌和情趣，朝着文雅、彬彬有礼的方向发展。

贵妇人在引导骑士追求高尚的爱情方面起到了重要作用。一些贵妇人凭借自身的影响力使她们的宫廷成为文化传播的中心，她们也是一些文人的庇护者。另外，贵妇人往往是骑士幼年时的启蒙教师，当骑士处于侍童和扈从身份时，贵妇人传授给了他们许多关于道德、礼仪等方面的内容，尊重、爱戴贵妇人是骑士从小接受的教育内容，从而也决定了他们成年后的爱情价值取向。

另外，骑士爱情观念的产生与阿拉伯文化的影响有关系。在 11 世纪，伊斯兰教徒中曾流行一种用弹拨乐器伴奏的诗歌演唱形式，这种诗歌以其形式活泼、韵律雅致、音调矫揉造作而著称，其主题主要是男女之间无法回报的爱情、自我牺牲、永恒的忠诚、爱情至高无上等。在法国南部地区与西班牙地区的文化交往中，阿拉伯文化得以传入并产生影响。西方有学者认为，带有阿拉伯人爱情观念的诗歌，向北穿过比利牛斯山脉进入普罗旺斯地区的各个宫廷中，有着清楚的发展和传播途径，而且"第一行吟诗人"纪尧姆的领地即与西班牙毗邻，他本人还曾参加了十字军东征，到过圣地耶路撒冷。

骑士的爱情有其鲜明特色，但他们为何把追求的对象通常都锁定在贵妇人身上？这是个有趣的问题。爱情观念受时代、社会地位、审美观等各方面的影响。在中世纪骑士文学中，骑士舍生忘死，不惜一切代价，追求的大多是已婚的贵妇人（当然，也有未婚女子）。骑士之所以把眼光瞄在这个阶层，而不是村姑、市民女性、修女身上，自有其原因。

第一，任何人的爱情观念都与他所处的社会地位有关，同时，也与他所爱慕的对象所处的社会地位有关，骑士在总体上居于社会上层，而贵族女性又往往集财富、地位于一身，骑士的爱慕对象自然会聚焦这部分女性。

第二，骑士爱情观念中有一种较为牢固的观念，认为追求贵妇人可以使追求者自身高尚，一方面使自己在社会地位上可与贵妇人相匹配，另一方面在品格上会随之提升。因此，追求贵妇人重要的不是能否得到贵妇人的青睐，而是在追求过程中所带来的品格和地

女子射出爱之箭。14世纪手稿画，纽约大都会艺术博物馆藏

位的提升。爱情由此成为一种能量和激励机制，可以促使一名骑士寻求对自己的一种考验，证明自己与所爱的贵妇人在品德和身份地位上的接近。这样看来，骑士把贵妇人置于崇高的地位，似乎是为了借助爱情的推动以改进和完善自己，追求爱情过程中的坎坷跌宕、痛苦悲伤、肝肠寸断都成了骑士通向高贵身份的阶梯。

第三，中世纪贵族的婚姻状况使骑士的爱情追求很容易锁定已婚的贵妇人。中世纪教会规定，女性的结婚年龄一般在12岁左右，而有些家长为了财产等方面的实际利益，往往在女儿七八岁甚至更小的时候便把她们嫁了出去，这些处于孩童时期的女子成为别人妻

骑士谦卑地接受贵妇人的爱意。《马内塞古抄本》插图，14世纪，海德堡大学图书馆藏

子时还不懂什么是爱情，而对于大多数骑士来说，当到了懂得爱情的年龄时，他们看到的是：容貌姣好、拥有大量财富的女子大都名花有主，对于那些地位较低的骑士们来说，心中最理想的爱情对象自然会指向这些已婚的贵妇人，而且，贵妇人也可能会通过与骑士的交往体验到真正的爱情。

第四，多种社会条件有利于贵妇人吸引骑士。居住在城堡和宫廷中的骑士们能较经常地见到或接触到贵妇人，她们平时除了主持家庭事务外，也会经常组织或主持一些娱乐活动，如宴会、舞会、

贵妇人观看骑士比武大赛。《马内塞古抄本》插图，14世纪，海德堡大学图书馆藏

诗歌演唱会、各种仪式、比武大赛，在这些场合，骑士们会看到或接触到贵妇人。在战争时期，如果丈夫外出征战，贵妇人会介入城堡内的组织管理甚至作战指挥。贵妇人既是骑士的女主人，又是他们的领主夫人，他们的赏金礼品、升迁重用等涉及利益和前途命运的事情，很大程度都与贵妇人有关联，因而，贵妇人很容易成为骑士仰慕的对象。在众多中小骑士们眼中，贵妇人不单单是成熟美丽的女性，还是财富、地位、教养的象征，而财富和高贵的社会地位也正是他们梦寐以求的目标。在现实生活中，地位低下的骑士若能

第十一章 爱情

对通奸者的惩罚。13世纪手稿画

获得贵妇人的关爱，或赢得贵妇人带有赞许的目光，就足以令他们心猿意马，想入非非，抒情诗中所描写的骑士仅是在想象中得到贵妇人的爱就神魂颠倒、焦虑不安的情景证明了这种现象的存在。尽管在实际生活中骑士与贵妇人之间的通奸行为肯定不会像诗歌中那样轻而易举和普遍，但这种爱情的产生难以避免。

第五，骑士爱情观念中对理想爱情的追求，并不仅仅出于两性相吸的生理法则，还连带着一系列社会标准，而这些标准都集中在了贵妇人身上，其他社会阶层的女性并不完全符合这些标准。修女自不必说，她们的职责是把爱献给上帝，对于世俗爱情她们通常不会迎合。而对于乡村女性，虽然某些骑士文学中有关于骑士对村姑感兴趣的描写，普罗旺斯抒情诗的"牧歌"题材中就有骑士勾引村姑以满足欲望的内容。然而，骑士对村姑的情感明显缺乏珍视、尊重的色彩和礼貌、高雅的情调，相反，往往还颇为粗暴。中世纪爱情理论家安德瑞斯在其《爱的艺术》一书中论述了骑士与乡村女性的爱情，他劝告骑士"首先用些强迫作为对她们羞怯的一种有效的医治"，"我劝你不要爱这种女人"。而对于市民阶层的女性，贵族阶层极为蔑视，从当时文学作品的描写中也可看到，城市中的老妇人大都是邪恶的女巫形象，妻子大都欺骗他们的丈夫，姑娘们不仅冒失而且很愚蠢。比起这些人，美丽的贵妇人成为骑士爱情追求的最佳目标，就不足为奇了。

**新观念的力量**

在骑士爱情观产生之前，西欧中世纪的爱情观念主要受基督教思想的控制，教会以贬低和淡化人间世俗情感为基调，引导民间的爱情观念。教会主张的爱情观念有着丰富的内涵，其中，爱被看做是"宇宙的中心实在以及万物的核心"，而人类行为的最高规范也是爱，但这种爱是基于追随基督的爱，是在爱上帝并遵循上帝的法则前提下的爱，其中也包括博爱和爱仇人。而男女之间的爱情，则寓于这种大爱之中。中世纪教会总体上对女性持贬低态度，认为女人具有诱惑男人的特性，并且认为男女间的爱情是不洁和淫秽的。在早期教父们的眼中，女性已被认为是罪恶之门，这种观念在中世纪的历史中得到某些神学家的不断发展和强化。圣奥古斯丁曾指责女性具有毁灭性的诱惑力，在他的《忏悔录》中认定夏娃是具有这种诱惑力的第一人，是她第一个品尝善恶果，并诱惑人类第一个男人犯了罪。这些观念成为中世纪教会对世俗男女间爱情解释的理论基础，女人具有诱惑男人犯罪的本性，由她们的诱惑所导致的行为是一种罪过。因而，关于爱情，教会认为，世间唯一可以被放纵的爱即是对上帝的爱，这是一种纯粹的爱，是对上帝神秘的追逐。人世间的男女之爱，必然会激发淫欲，性的欲望是生活中不幸的事情，绝不能被称赞，性欲只是在为繁衍后代而缔结的婚姻中才可被宽容。而在婚姻中，对性的容许并不等于就此可以放纵，婚姻中的性爱除了为繁衍后代外，也是为了避免人们由于欲火的熬煎犯更严重的罪恶。即便如此，教会仍坚持认为，人最好还是寻求纯洁的状态，即独身、禁欲。既然一个男人对女人的爱被认为是欲望的驱使和表现，那么，一个丈夫就不应该把爱倾注在妻子身上，而是应该奉献给上帝。由此看来，教会有意无意地把爱情和婚姻分割开来，爱情应归于上帝，婚姻主要是为了繁衍后代和避免更大的犯罪才具有存在的道理，至于男女间的性爱，最好没有。

教会对爱情的基本态度，使许多虔诚的教士们不断地宣传纯洁禁欲，同时，自己在这方面也竭力保持操守。早期教会规定，凡在教会中担任主要职务者，都应过独身生活，如果他们已经结婚，他们必须断绝与妻子的性关系，如果违背这一原则，他们将被剥夺所承担的教会职务。然而，中世纪的社会现实与禁欲的法规之间存在巨大差异，或许也正是由于实际生活中男女间的行为违背教会的意愿，导致教会频频颁布严厉的法令。如将淫欲宣布为"七宗罪"之一。

实际上，神职人员甚至教皇本人，在对待与女人的情感问题时也并非都严格遵守教会规则，道貌岸然者不在少数。公元800年任教皇的沙勒曼曾先后四次娶妻，并与妻子生了许多孩子，同时还拥有许多情妇。公元9世纪，神职人员在追求女色方面的行为已达到非常严重的程度，一些修道院不仅收留修士，还收留他们的妻子和

教士挥舞大棒驱赶恶魔。中世纪手稿画

孩子。许多主教和普通神职人员不仅娶妻生子,而且还拥有情妇,他们把本该用于侍奉上帝的钱转而用于供养这些人,他们还援引圣保罗的话为自己开脱:"为了避免通奸,让每个男人拥有自己的妻子,让每一个女人拥有自己的丈夫"。

神职人员对异性的热衷,必然会激起那些对上帝虔诚信仰的人的强烈不满,公元10世纪,以法国克吕尼地区修道院为中心发起的教会改革运动,对教会人士的婚姻、通奸及性行为进行了严厉的整治,规定神职人员必须脱离家庭,不得婚配,实行禁欲主义。这场运动使教会内部神职人员对异性的各种不检行为有所控制和收敛。然而,许多关于修道士和神职人员的淫乱故事,以各种语言形式继续得以创作和传播,其中也有关于修女如何思春和行为淫荡的故事。

在教会不断努力要求其成员独善其身、竭力宣扬禁欲主义的同时,骑士群体内部却产生与之大唱反调的爱情观念,极力歌颂贵妇人的尊贵,大力宣扬男女间的爱情,并提出骑士追求贵妇人会提升他们的品格等观点,这些都与基督教的传统观念形成冲突,并推动和充实了欧洲世俗人本思想。

法国普罗旺斯宫廷谈情说爱的风尚。14世纪手稿画临摹本,巴黎国家图书馆藏

观念可以影响人的行为,而人的行为能够改变社会。骑士的爱情观念对西欧社会的许多方面都产生了影响。

首先,骑士的爱情观使西欧中世纪的爱情观念发生变化。12世纪以后,在一些宫廷和城堡中,贵族男女开始把爱情作为讨论的主题,总结男女爱情的各种表现和实质,从而对爱情观念有了新的认识,对基督教传统观念形成冲击。12世纪,安德瑞斯根据当时贵族们的认识写成《爱的艺术》一书,对爱情进行了全面系统的说明和论述,他还总结出著名的"爱情三十一条规则"。其中包括"爱恋者双方一见钟情,并在相见的最初瞬间心中颤抖";"没有嫉妒不能有爱";"爱可增强也可减弱";"除非是爱情欲望的驱使,否则没人能得到真正的爱";"爱情总是与贪婪相对立";"爱情一旦减弱,速度极快,并且很少能恢复";"恋爱中的男人总是谨小慎微";"深深的嫉妒总会激起恋爱者更大的热情";"对爱人的怀疑会增加嫉妒和追求的热情";"被爱情困扰的人吃不下饭,睡不着觉";"一个微小的猜疑可使追求者把爱恋的对象往最坏处怀疑";"欲火

此图左侧表现骑士冒犯女性场面，右侧是宫廷宴会场面。15世纪手稿画

中烧不是真正的爱"等。对爱情如此直截了当地进行总结和研究，与骑士爱情观念的出现有直接关系。

其次，骑士的爱情观使他们对女性，至少对贵族女性的态度和行为发生了明显变化。骑士爱情观念产生之前，许多骑士对女性的态度粗野残暴，在反映骑士早期生活的史诗中可看到，他们不仅强暴领主的妻子，还强奸和杀害修女，女性在骑士的眼里无足轻重，他们关心更多的是战马、武器、猎狗。而在骑士爱情观念产生后的文学作品中反映出骑士对女性的态度发生转变，当圆桌骑士珀斯沃准备离家投奔亚瑟王时，他母亲告诫他一席话："我的儿子，你不久将成为一名骑士，无论在什么地方，如果你看到任何女士需要帮助，听到不幸的姑娘的请求，你应毫不迟疑地帮助她，为了所有的荣誉投身到这项行动中。一个男人忽略了使女士们荣耀，他自己的荣耀必定会消失"。

爱情观对骑士的道德境界提升产生较大作用。中世纪早期，骑士的行为根本谈不上道德，有些骑士习惯于欺骗、抢劫、杀害无辜，有人甚至食人肉,并认为神甫的肉更"鲜嫩"。爱情为骑士树立起新的道德观,认识到"为了最爱的人,应保持品行端正"。安德瑞斯在《爱的艺术》中记录了一段贵妇人对骑士的教导:"能赢得爱情的骑士,至少不贪婪,而且应非常慷慨,当有人,特别是品格高尚的人需要经济帮助时,你应毫不犹豫地慷慨解囊,同时要让对方感觉到,使用这份礼物或这笔钱是应该的,比你自己使用它更符合需要,更令你心情愉快。如果遇到饥饿的穷人应送给他们食品,而且不应表现得盛气凌人。谦卑是骑士的重要美德,不应有任何轻视别人的言论,也不能嘲笑任何人,特别是那些可怜的人。更不可恶语中伤他人,或嫉妒他人的声望,并要时刻准备帮助别人。如果有人造谣伤害了自己,或对自己无礼,应礼貌地对待此人,不说任何贬损这个人的话,并谨慎地让他知道所犯的错误。绝不制造和传播谣言,如果可能,你应悄悄地谴责并禁止谣言的传播,劝阻伙伴们传播谣言,尽量把谣言限制在最小范围内。骑士不应轻率贸然地做出许诺,空头的许诺无异于欺骗,品格高尚的骑士重然诺,一旦应诺定要兑现。殷勤的骑士不应有污言秽语,不应犯严重的过错,特别要避免做声名狼藉的事情。骑士不该用羞辱或讽刺的语言攻击神职人员及修士,而应随时随地维护他们的地位,因为他们所从事的事业是为了上帝。"从上可看出,爱情对骑士逐渐摆脱粗暴残忍的无道德状态起到了积极作用。

再次,爱情观念推动了骑士在社交礼仪、服饰、仪态等方面向文明迈进。为了赢得贵妇人的好感,避免在交往中做出令人尴尬和有失体面的举动,骑士们必须注意自己的行为,并使其适应贵族社会的要求。礼貌的言谈举止、得体的穿着、各种社交技能和必要的仪式,成为体现一名骑士社会价值的外在形式,不具备这方面条件

骑士与贵妇人共同起舞。《马内塞古抄本》插图,14世纪,海德堡大学图书馆藏

者,很难在贵族社会受到尊敬。这方面的许多内容,在骑士尚处于侍童和扈从阶段时就已受到培养和教育。例如,他们通过语法、修辞和阅读方面的学习和训练,培养文雅的谈吐;他们学习如何脱帽、鞠躬,伴随身份高的人时应如何站立,如何随行,站立和随行的位置都有讲究,随行者不能走得过快,所处位置不得超过他所陪伴者肩膀的后部;餐桌上的规矩、谈笑的声音等都有讲究,放声大笑被认为是愚蠢的表现。为了显示自己的荣耀,引起贵妇人的注意,有的骑士把外表装饰得与众不同,有的把情人的信物装在头盔或铠甲上,有的把情人的衣物当成旗帜打出,还有的把头盔铸造成猛兽、猛禽或女人弹的竖琴等各种奇怪的形状。

此外,爱情观念进一步激励了骑士的勇敢精神。勇敢是中世纪每一名骑士必备的精神,也是骑士社会价值的重要体现,中世纪有"无骑士不勇敢"之说。然而,在11世纪末期以前,骑士的勇敢行为很少与女士联系在一起,《罗兰之歌》中的英雄们几乎没有沉迷于女色的。骑士爱情观念产生后,一些骑士把勇敢和爱情联系在一起,并出现所谓"爱情使骑士勇敢""勇敢激励爱情而爱情促进勇

头戴猛禽形状头盔的骑士。中世纪手稿画

敢"的说法。在爱情驱使下,许多骑士做出了勇敢的举动。一名守卫道格拉斯城堡的英国骑士在与苏格兰人的交锋中战死在城外,从他身上发现的一封情人给他的信件中写道:如果要赢得她的爱必须守卫这座城堡一年。威廉·马明爵士的情人送给他一顶镶金头盔,并要求他要在非常危险和显赫的场合戴上它,一举扬名,结果在诺亥姆城堡外的战役中,他为了实现情人的意愿身负重伤,险些丧命。

骑士的爱情观念影响到骑士行为的许多方面:对女性的殷勤有礼、大庭广众下的举止得体、内心世界的道德约束、战场上的勇猛

《一路平安》：骑士离开情人开拔战场。Edmund Blair，1900 年

顽强等，这些把骑士的形象引向了优秀和高尚。有人对此现象评价道："一个男人如果不是彻底的爱情追求者，他不能是一位完美的骑士。"

骑士的爱情观念对后来的文艺复兴运动具有直接影响。而且，西方近代以来的社交礼仪、道德规范、爱情婚姻等许多现象，无不留下骑士爱情观念的印记。人们耳熟能详的所谓"骑士风度""骑士精神"等，与中世纪的骑士及其爱情观念有着密切联系。

# XII

第十二章

传奇

骑士的军人角色决定了他们的理想形象和典型代表一定是勇猛善战的英雄，而他们的爱情观念又往往使这样的英雄具有浪漫情调。骑士文学是他们思想文化的主要表达形式，文学作品中所蕴含的各种思想观念反映出骑士们的喜好、愿望和追求，英雄们的勇敢、冒险和爱情演绎出西方特有的传奇浪漫。那么，骑士英雄是什么样子？亚瑟王和圆桌骑士是怎么回事？他们对当时和后世都产生了怎样的影响呢？

## 《罗兰之歌》

罗兰在中世纪的法国几乎是家喻户晓的英雄,关于他的事迹广泛流传了几个世纪,教育和鼓舞了一代又一代的骑士们,他被誉为骑士的楷模。关于罗兰其人的真实记载,材料并不多,仅知道他是查理大帝手下的一名部将,作战勇敢。在查理大帝赴西班牙作战返回途中,翻越比利牛斯山时,后卫部队遭到土著居民巴斯克人的伏击,死伤惨重,整个后卫部队基本被消灭,财物亦被劫走。在此次战役中,战死了许多将领,其中有一位名字叫罗兰。

罗兰的事迹最初在民间传播,后经行吟诗人不断整理逐渐完善,关于罗兰的故事有多种版本,而《罗兰之歌》是其中之一。《罗兰之歌》成书的年代大体在11世纪末12世纪初,它有多种版本,其中最完备的当属英国牛津大学收藏的一个抄本,写成于1170年前后,并于1837年首次印刷出版,上海译文出版社出版的中文版《罗兰之歌》便是据此版本译出,由杨宪益先生翻译。

《罗兰之歌》的故事梗概是:查理大帝率军出征西班牙,历时七年,征服了半岛上几乎所有的小王国,只有萨拉哥萨王国拒绝臣服,该国国王马西理为了使查理大帝尽早离开西班牙,假装皈依基督教,还派使者给查理大帝送去重礼和人质。查理大帝手下的朝臣分成主战和主和两派,大将罗兰向查理大帝推荐甘尼仑出使萨拉哥

《罗兰之歌》牛津大学抄本

萨王国谈判，一向与罗兰不和的甘尼仑认为罗兰是有意加害于他，便怀恨在心，决心报复。随后，他向敌军泄密，并唆使马西理攻打由罗兰率领的后卫部队。当罗兰率领两万名士兵组成的后卫部队返程经过一个山谷时，遭到萨拉哥萨四十万大军的伏击。罗兰及其战友们英勇抵抗，终因寡不敌众，全军覆灭。临死前，罗兰吹响号角通告查理大帝。查理大帝率军返回，全歼了萨拉哥萨的军队并处决了叛徒甘尼仑。

《罗兰之歌》通过对罗兰及其战友们英勇事迹的颂扬，塑造了一名杰出骑士罗兰的英雄形象，罗兰成为骑士的楷模，而《罗兰之歌》也成了骑士学习行为规范的读本。

从《罗兰之歌》中我们能看到，罗兰信仰虔诚，坚信上帝能保佑他在战斗中打败敌人，即使战死也可获得永生。当人数二十倍于己的敌人压上来时，罗兰心中默念道："我热烈希望战斗，愿上帝和天使保佑。"当罗兰战斗到最后，浑身是血、精疲力竭、气息奄奄

《罗兰之歌》插图,画面中包含了整个故事的 8 个桥段。Simon Marmion,15 世纪

查理大帝封罗兰为西班牙边区领主。12世纪手稿画

的时候,还没忘记向上帝祷告道:

> 上帝,我祈求你,以你的善良,
> 将我的大小罪过加以原谅,
> 一切罪过从我出生的时光,
> 直到我最后遭到死亡!

罗兰对其领主查理大帝也很忠诚。当强大的敌人冲上来时,罗兰毫无惧色地对手下的将士们喊道:

> 一个人要为领主辛苦备尝,
> 炎暑和严寒要都能抵抗,
> 丢些血和肉也是理所应当。

> 我用我的杜伦达，你用你的枪，
> 送给我这把剑的就是大王，
> 我即使战死，也要得到赞扬，
> 这把剑是一位忠臣的兵仗。

《罗兰之歌》颂扬了罗兰的勇敢精神。在战斗打响之前和战斗过程中，罗兰的战友奥列维曾先后三次劝他吹响号角，通知查理大帝返回援助，但都遭到罗兰坚定的拒绝。罗兰回答：

> 那我可不干，
> 不能让任何世人说道，
> 我害怕异教徒才吹响了号角，
> 我不能让我双亲受人耻笑。
> 当我投入这一场大战里，
> 我要大战一千七百次，
> 你将看见杜伦达被血染赤，
> 法兰西人是好样的，他们要显示威力，
> 西班牙人难逃一死。

诗中对罗兰拒绝及时吹响号角延误战机的行为虽也有批评之意，但更多的是歌颂罗兰的勇敢精神。

罗兰对自己的祖国法兰西具有无限热爱之情。当奥列维三次劝罗兰吹响号角时，罗兰都以维护法兰西的荣誉为由加以拒绝，在战斗中，罗兰挥舞宝剑砍杀敌人时，口中念道："不要由于我而使法兰西丧失威名"，"可爱的法兰西不会把威名丢掉"。当他看到遍地

罗兰之死。画中人物穿戴使用的均为骑士制度后期的军事装备。Jean Fouquet，1455—1460年

阵亡的将士，哭泣道："法兰西啊，我亲爱的故乡，遭到这般损伤，变成一片荒凉"。之后，他又投入战斗，说道："我们将要为国殉葬……不能让可爱的法兰西羞愧无光！"

## 亚瑟王传奇

亚瑟王的传奇，至今仍流传于西方。然而，历史上是否真的有亚瑟王这个人物？千百年来一直是个谜。有人认为，英国早期历史上确实有一位名字叫亚瑟的国王，他的事迹到后来被文学理想化了。另一些人则认为，历史上根本就没有亚瑟王这个人。

相信亚瑟王确有其人者认为，亚瑟王生活的年代在公元6世纪，是日耳曼人入侵不列颠后的战争和混乱时期。他们举出一些证据，证明亚瑟王是位真实的历史人物，例如，在英国西南部的克拉斯登堡有座坟墓被指认为是亚瑟王的坟墓；此外，从14世纪流传下来的《世界博物志》中多处提到埋葬亚瑟王遗体的地方，以及后来人们又如何发现他的坟墓并重新安葬的内容；还有，在伦敦威斯敏斯特大教堂所设的爱德华像座中，保存着亚瑟王用红蜡打的火漆印，盛在绿宝石框中，外面写着"亚瑟王乃不列颠的、法兰西的、日耳曼的及达西亚的统治者"几个字。关于这方面的证据还有一些，但都不足以令否定者信服。

对这一问题难以做出明确回答的主要原因是确切的史料太少，而被后人添枝加叶杜撰的内容很多。今天能看到的与那个时代比较靠近的材料是不列颠编年史家吉尔达斯（Gildas，死于570年）的著作，该书记载了一位名叫埃布鲁苏斯·阿兰林努斯的罗马人，率领不列颠岛上的居民抵御撒克逊人的入侵并获得胜利的事件。其中，他记述了不列颠人与撒克逊人之间的一次大规模战役，即白顿山大捷，在这次战役中，不列颠居民获得胜利。但吉尔达斯的书中并没有提到亚瑟王这个人。不仅如此，到公元731年，英国历史学家和神学家拜德（Bede，673—735）所著《教会史》中也谈到了撒克逊人的入侵，但也没有提到亚瑟王其人。

关于亚瑟王的记载，大体出现在公元8世纪末9世纪初。有位著名的编年史家内努斯（Nennius）写了一部《不列颠历史》，其中提到了亚瑟这个人，但他只是一位军队统帅，而不是国王。书中列举了亚瑟指挥的"十二次战役"，其中，最后一次是白顿山战役。在这场战役中，他一天杀死960个敌人，并赢得了战役的胜利。

在后来的 4 个世纪中，关于亚瑟王的材料并没有更多增加。到 12 世纪，亚瑟王的事迹得到极大的扩充和完善。蒙墨斯的杰弗里（Geoffrey of Monmouth）用拉丁文写成的《不列颠列王传》中有许多新内容，依据他自己的说法，一位牛津地区的副主教曾送给他"一本非常古老的，用不列颠语写成的书"，从中他发现了许多关于亚瑟王的材料。然而，这本书是否是一本真实的历史书？是否真有这本书？是不是杰弗里个人的一种文学杜撰？这些问题目前都存疑。

杰弗里《不列颠列王传》15 世纪威尔士版本中的亚瑟王形象

杰弗里书中有许多细节的描述，满足了当时人们猎奇的需要，也使亚瑟王的事迹更为充实和生动。在他的作品中，亚瑟王的住所显然已不是 6 世纪军事首领的营寨，而是 12 世纪国王的宫廷。亚瑟王在他的宫廷中提倡礼貌，引导人们遵守规则，追求上层社会的贵族生活方式。骑士们穿着讲究的制服，佩带家族的徽章。贵妇人的服饰时髦，言谈举止文雅大方，她们参与骑士的活动，并在许多方面引导着骑士的行为。骑士为赢得贵妇人的爱情，彬彬有礼，并且甘愿上刀山下火海。作品中还写到亚瑟王征

14 世纪挂毯中的亚瑟王形象。约 1385 年

服了法国，为庆贺胜利曾举办一场大规模的骑士比武大赛，在比武过程中，贵妇人们都在城墙上观看，并且用各种轻浮的行为热情地激励骑士们。从这些描写中可以看出，杰弗里笔下的故事明显具有12世纪的社会特征。由此，有人认为杰弗里的亚瑟王的事迹只是虚构的传奇故事，而非真实的历史。

杰弗里的著作对传扬亚瑟王的故事具有里程碑作用。他的书在欧洲各地传播开来。在此基础之上，各国的文人对之进行改编和充实，又演化出许多情节和内容。亚瑟王及其手下圆桌骑士们的故事被编得生动有趣、引人入胜。

从13世纪早期到15世纪末期，亚瑟王和圆桌骑士们的故事广为流传，在西方骑士文学中占据重要地位。到1485年，托马斯·马罗里的《亚瑟王之死》成为英文版亚瑟王传奇的集大成者。此书已有中文译本。

亚瑟王传奇大体讲述了这样一个故事：亚瑟王是英格兰国王的后代，出生后便被交给一位名望极高的骑士和他的夫人抚养、教育、训练。不久，亚瑟王的父亲死去，国家陷入混乱状态。十多年后，英国的坎特伯雷大主教召集各地忙于战争的诸侯们到伦敦开会，讨论和平问题。在圣诞节的清晨，当参

亚瑟从石头上拔出宝剑。中世纪手稿画

加会议的各路诸侯做完弥撒从教堂出来，发现教堂庭院中的祭台上有一块洁白的巨大方石，上插一把极为精致的宝剑，白石上刻着两行金色的字："能把宝剑从此石中拔出者，为不列颠君王。"这引起了各路诸侯的极大兴趣，他们都迫不及待地一显身手，虽用尽浑身力气，宝剑却始终纹丝不动。无奈之下，他们只好离开教堂，去参加比武大赛。

抚养亚瑟长大的那位骑士带着儿子和亚瑟也前来参加比武大赛。其间，亚瑟无意中来到那座教堂，轻而易举地拔出了巨石上插着的那把宝剑，从而使人们得知他的真实身份，众诸侯被亚瑟的王家血统和宝剑的神秘旨意所折服，拥立他为国王。

年轻的亚瑟王勇敢、公正、武功超群，在一位通晓神意的奇人梅林的辅佐下，率领手下的骑士们打败反叛者，使国家获得和平，

亚瑟王和他的骑士们。Vulgate Cycle《寻找圣杯》插图，14世纪

人民安居乐业。亚瑟王手下有 150 名极为杰出的骑士，由于开会时他们与亚瑟王同坐在一个巨大的圆桌旁，故被称为"圆桌骑士"。圆桌骑士并非固定不变，若有牺牲者或违反骑士规则被剔除者，会有新骑士顶上这个位置。他们各个武艺高强，勇敢、忠诚，热衷于冒险，都有不平凡的经历，为所爱的女士甘愿付出自己的一切。

　　亚瑟王和圆桌骑士们的冒险行动之一是寻找圣杯。传说耶稣当年有一名秘密信徒名叫约瑟，在耶稣被处死前，他曾与耶稣的十二使徒一起参加了最后的晚餐。他们共同用一只银杯喝酒，晚餐后，约瑟保存了这只杯子。当耶稣在十字架上被罗马士兵用矛枪刺伤后，约瑟曾用此杯接盛耶稣留出的血。后来，罗马当局把他投入监狱关押了许多年，但他仍成功地保存了这只酒杯。出狱后，他来到不列颠岛，建造了一座城堡，与家人共同过着幸福的生活。这只酒杯具

亚瑟王宫廷中展示圣杯的场面

有许多神奇的功能,不仅可医治疾病,还可提供食物等。约瑟死后,圣杯由他的子孙们传承下来,并成为后来骑士们寻找的目标。寻找圣杯的过程充满艰辛和危险,只有平时严格履行职责、心地纯洁、没有罪过的优秀骑士才有可能见到圣杯。见到圣杯者能摆脱尘世的苦难,获得永恒的幸福和快乐。

许多圆桌骑士都有特殊的爱情经历,其中以圆桌第一勇士兰斯洛特与王后桂纳维尔之间的爱情最为典型。双方的爱情最后引发了亚瑟王与兰斯洛特之间的战争,国家由此处于混乱状态,亚瑟王也在不断征战和镇压叛乱的过程中负伤身亡。

据传说,亚瑟王死后被送到极乐岛——阿发隆,圣杯就存放在那里,亚瑟王在那里获得了永生,而且至今仍活着,如果有朝一日

亚瑟王圆桌骑士之一的盖温与杰拉弗莱斯的长矛比武。中世纪手稿画

不列颠遭受外敌入侵,他还会回来,率领人民驱除敌人,保护家园。

亚瑟王传奇对欧洲社会产生了广泛影响,对教化骑士、规范他们的行为起到了重要作用。故事中的许多情景宣扬了优秀骑士应如何为人处事。当圆桌骑士帕西沃准备离家投奔亚瑟王时,他的母亲告诉他:"儿子,你不久将成为一名骑士。无论在什么地方,如果遇到一位女士需要帮助,你要立即伸出援助之手,为了荣誉投身到这项行动当中。当一个男人疏忽了让女士们荣耀,他自己的荣耀必定会消失"。

在亚瑟王传奇中,这类教育情节随处可见。著名的圆桌骑士兰斯洛特要离开抚养他长大成人的湖仙女,并将成为一名骑士闯荡世界,临行前湖仙女对他有番教诲:人类之初,相互平等,但是,嫉

兰斯洛特与恶龙作战。15世纪手稿画

妒和贪婪出现,便引发世界混乱,因此,上帝选定一些人为骑士,职责是保护弱者免遭强者的欺凌。他们高大、强壮、英俊、敏捷、忠诚、勇猛、果敢,而且他们必须善良没有劣迹,忠诚不会叛逆,对受难者富于同情心,豪爽正直;必须时刻准备救助苦难者,打击强盗和凶手,行事公正,宁死也不愿蒙受羞辱。

在亚瑟王传奇中,圆桌骑士们必须彬彬有礼、慷慨、信守诺言、谨慎、执着地对待爱情,同时还要勇敢、顽强、忠诚,另外,要随时随地保护教会并虔诚地信仰上帝。这些都成为12世纪、13世纪以后衡量优秀骑士的标准。

随亚瑟王传奇的不断传播,骑士的行为准则得到规范,西欧

**温彻斯特城堡的圆桌——亚瑟王圆桌的想象性重造，可能为爱德华三世所造**

各国形成大体统一的标准。亚瑟王传奇的社会影响非常广泛。据传 1344 年，英王爱德华三世在温莎举办一次大规模骑士聚会，许多国家和地区的国王、王后、王子、大领主、贵族纷纷前来参加，当活动接近尾声时，爱德华三世郑重宣布他的倡议：重建温莎城堡，并且制作一台巨大的圆桌，周围可坐下 300 名骑士，超过亚瑟王圆桌骑士的数量。爱德华三世宣布这项决定之后，在场的骑士们情绪高涨，立即向圣徒的遗物宣誓，决心重现亚瑟王时代骑士的辉煌。会后，52 棵巨大的橡树被伐倒，圆桌的直径被设计为约 61 米长，同时，盛放这一巨大圆桌的建筑也破土动工。这一荒唐的工程，后来由于种种原因被迫马。

德国骑士乌瑞克是亚瑟王和圆桌骑士的狂热崇拜者,他从做侍童的时候就立誓献身于一位贵妇人,后来,他用了几年的时间,专门以这位贵妇人的名义举行长矛比武。尽管他很难见到这位贵妇人,但他总是尽力把事情做得很出色,很有影响,以保证这位贵妇人能够讲述他的事迹。他为这位贵妇人献身的行为,几乎达到疯狂程度。一次,当这位贵妇人听说乌瑞克在战斗中嘴唇受伤成了兔唇后,对他的行为感到有些厌烦。得知这个消息,乌瑞克更加努力,仍以这位贵妇人的名义搞些有影响的活动。

一天,这位贵妇人偶然听说乌瑞克的一只手指头仍然还长在手上,感到惊讶,因为她以前曾听说乌瑞克的那只手指在一次以她的荣誉为名义进行的比武过程中断掉了。听到这件事情,乌瑞克二话没说,毅然砍掉了自己那只引起贵妇人疑虑的手指头,并把它装入一个天鹅绒小盒中,托人送给了这位贵妇人。

乌瑞克,行吟诗人和极度浪漫的骑士。《贵妇人的仆人》插图

铁血浪漫

兰斯洛特和桂纳维尔的初吻。14 世纪手稿画,纽约皮尔庞特·摩根图书馆藏

## 第一圆桌骑士的爱情故事

兰斯洛特是亚瑟王圆桌骑士中武功最高强的骑士,被誉为"第一圆桌骑士",他与亚瑟王王后桂纳维尔的恋情是亚瑟王传奇中的重要内容。兰斯洛特与桂纳维尔两人,在比武大赛的颁奖仪式上一见钟情,从此便生出一系列极其曲折的爱情故事。

亚瑟王的妻子桂纳维尔被一名陌生的骑士劫持而去,兰斯洛特得知消息后,奋力追赶,并与这名陌生骑士反复搏斗和较量。其间,兰斯洛特甘愿忍受乘坐囚车的耻辱,也抵御住其他女人的勾引,最后,精疲力竭,追到那个陌生骑士所在的国家。他艰难地爬过由锋利的剑架起的桥,全身上下伤痕累累,鲜血淋淋。在这个国家,兰斯洛特与陌生骑士展开生死决斗。在该国国王的帮助下,兰斯洛特与桂纳维尔终于见面。

与桂纳维尔的重逢使兰斯洛特沉浸在喜悦和幸福之中,但是,

湖中仙女找到兰斯洛特，治愈了他因对桂纳维尔的猜疑而产生的疯狂。Vulgate《兰斯洛特》插图，Evrard d'Espinques，约1475年

当两人见面后，桂纳维尔并没有表现出感激和高兴的样子。兰斯洛特为此心情十分沉重，并决定离开。随后，有消息传来说兰斯洛特遭遇不幸，死于他乡。桂纳维尔得知这个消息后痛不欲生，悔恨自己对兰斯洛特的态度，并因此大病不起。这些消息又陆续传到已经被敌人俘获的兰斯洛特那里，使他更加心烦意乱，并企图以自杀的方式摆脱痛苦。

当兰斯洛特重新获得自由，再次来到桂纳维尔面前时，王后非常高兴和激动，并解释了上次见面她为什么不高兴的原因，双方澄清了误解，异常欣慰和兴奋，并发生了男女间的亲密关系。

兰斯洛特与桂纳维尔的恋情，不久被亚瑟王得知，他非常气

亚瑟王的姐姐摩根向他泄露了兰斯洛特和桂纳维尔的私情。Vulgate Cycle《亚瑟王之死》插图，Évrard d'Espinques，约1475年

愤，下令讨伐兰斯洛特，结果派去的骑士都被兰斯洛特打败，不仅如此，兰斯洛特还从亚瑟王处解救出桂纳维尔，使她免遭火刑的处罚。亚瑟王随即亲自率兵，讨伐兰斯洛特。

正当双方对峙期间，有消息传来，亚瑟王宫廷发生政变，他的侄子自立为王。亚瑟王闻讯后率军回师，与叛军展开激战，结果身负重伤，不治身亡。随后，桂纳维尔入修道院，成为修女。

兰斯洛特得知亚瑟王死去的消息，立即返回英格兰。当他前往桂纳维尔所在的修道院时，得知王后已去世。兰斯洛特从此大病不起，不久便离开人世。

第十二章 传 奇

## 特瑞斯坦与伊萨特的生死恋

　　特瑞斯坦也是亚瑟王的圆桌骑士。他出生在父亲刚刚去世、母亲极度悲伤之时，后来被他父亲手下的一位将军抚养长大，系统地接受了宫廷教育和骑士训练，阅读、谈吐、歌唱、演奏乐器、骑术、剑术、狩猎、比武、战斗等各方面都非常出色。

　　年幼时，由于不幸被海盗绑架，特瑞斯坦流落到遥远的康沃尔国，他出色的表现赢得了该国国王马克的欣赏。后来，马克国王得知这位出色的少年竟是自己的亲外甥，非常高兴，大力培养和重用他。当爱尔兰王国的一个巨人率军来进攻时，康沃尔国没有一位勇士能够与之对决，特瑞斯坦挺身而出，与这个力大无比的巨人展开决斗。巨人被杀，但特瑞斯坦身负重伤，并中了世间罕见的剑毒。能医治这种剑毒的只有一个人，爱尔兰的王后，被杀巨人的姐姐。

　　为了医治剑伤，特瑞斯坦改名换姓，装扮成行吟诗人来到爱尔兰，他甜美的歌声和悦耳的琴声帮助他进入宫廷，并得到王后和美丽的公主伊萨特的照料和医治。伤愈后，特瑞斯坦返回康沃尔王国，向舅舅讲述爱尔兰公主的美丽和善良，并劝舅舅迎娶伊萨特公主为王后。爱尔兰国王开出的条件是，康沃尔人如能杀死残害爱尔兰人民的恶龙，公主即可嫁给康沃尔国王。特瑞斯坦再一次勇敢地承担重任，杀死了恶龙。

　　在护卫伊萨特赴康沃尔王国成婚的船上，两个人无意中喝下了本该给特瑞斯坦的舅舅和伊萨特喝的一瓶特制的爱情药水。任何一对男女，只要喝下这瓶药水，无论他们以前是否相识，是否有感情，都会相亲相爱，生死与共。此后，两人之间产生强烈的爱慕之情，并在航海途中发生了性关系。

特瑞斯坦斩杀恶龙。中世纪手稿画，大英图书馆藏

起初，当伊萨特得知是特瑞斯坦杀了自己的亲人后，试图报复。中世纪手稿画，大英博物馆藏

马克国王与伊萨特成婚后不久便发现特瑞斯坦与伊萨特的关系。特瑞斯坦最后不得不离开康沃尔，远走布列塔尼。两人在临别前仍依依不舍，互道衷肠："我们是同一个生命和躯体，我们的灵魂已融在一起。让我们在各自的生命中感知并看到对方。你的生命中有我，我的生命中有你。来吧，亲吻我。你与我，特瑞斯坦与伊萨特永远不会分离。这个吻将成为我们誓言的封玺，保留到永远直到生命停息，你就是我，我就是你。"

特瑞斯坦来到布列塔尼，娶了妻子，但仍念念不忘伊萨特。在一次作战中特瑞斯坦被带毒的长矛刺伤，如果不及时医治便会死亡，而世上只有伊萨特才能医治这种毒伤。于是，他请求妻子的弟弟去不列颠岛把伊萨特接来挽救他的生命，并且约定，如果伊萨特能同

特瑞斯坦和伊萨特在下棋时无意中喝下"爱情之药"。中世纪手稿画

他一起返回,便在船上挂白色风帆,否则,挂黑色风帆。此事引起了特瑞斯坦妻子的强烈嫉妒。

当伊萨特得知特瑞斯坦生命垂危的消息后,万分焦急,火速赶往布列塔尼,船上挂着白帆在海上航行了5天。当船即将到达海港时,也正是特瑞斯坦与妻弟约定返回的最后一天,这天海上没有一丝风,船靠不上岸。特瑞斯坦气息奄奄地躺在床上,盼望伊萨特能随船到达。当得知船将靠岸时,特瑞斯坦用微弱的声音问妻子:"船上挂着什么颜色的帆?"嫉妒的妻子回答说:"挂的是黑色的帆。"听到这句话,特瑞斯坦绝望了,连说三声"伊萨特,亲爱的!"便离开了人世。

此时,风刮起,船靠岸,迎接伊萨特的是特瑞斯坦死去的噩

伊萨特亲吻死去的特瑞斯坦。15世纪手稿画，法国尚蒂伊孔代美术博物馆藏

耗，她一路奔跑着来到特瑞斯坦的尸体旁，人们都为她的美貌而震惊。她哀声道：

"特瑞斯坦，我亲爱的，你已离去，我也没有权利再留在这个世上。我为不能医治你的伤病而感到遗憾。亲爱的，你的死带走了我的幸福、欢乐和希望。我诅咒那海上的风，使我不能及时赶到，否则我可治愈你的病痛，让我们互道情肠，倾诉那离别的期盼和忧伤，我仍记着你那亲吻的热情和拥抱的力量。我没能医治你，就让我们一起离开这个世界，有我陪伴你走在同行的路上。"随后，她拥抱着特瑞斯坦，躺在他的身旁。当她的嘴唇吻到特瑞斯坦的嘴唇时，便气绝身亡。

# XIII

第十三章

## 骑士精神

所谓骑士精神，是人们对骑士思想道德观念的升华和提炼。当然，这种提炼是依照西欧中世纪社会最普遍认可的优秀道德标准做出的，它体现了骑士在西欧中世纪文明进程中的积极作用，对近代以来的欧洲文化发展也产生了重要影响。那么，骑士精神主要有哪些内涵？其具体表现如何？它与骑士行为准则有怎样的关系？

## 骑士精神的内涵

骑士精神表现在思想道德观念的许多方面。首先，骑士精神中贯穿着信仰的理念，信仰虔诚是优秀骑士的重要特征。西欧中世纪是信仰时代，对基督教的信仰成为整个社会的普遍现象，人们遵照基督教教义的要求观察事物、认识事物，人们也用基督教的道德标准约束和衡量自己的行为。因此，骑士是否信仰虔诚，关系到他是否能严格遵守教义，履行各种宗教义务，也关系到他在日常生活中能否用基督教的道德标准约束自己，在战场上能否与异教徒战斗到底，视死如归。信仰虔诚是骑士各方面行为能够达到较高标准的前提和保证。

其次，忠诚是骑士精神的重要内容。关于骑士的忠诚，在此需强调的是，忠诚是维护封建社会人际关系的重要因素，对维护主从关系具有实际意义，附庸对领主各种义务的履行，要由忠诚来推动，因而，忠诚已超出单纯的道德范畴，成为社会秩序正常运行的润滑剂。此外，骑士的忠诚由于受到基督教的引导，形成高于现世的超人类忠诚观，一切忠诚最终将归于上帝。忠诚不仅是骑士的精神，也是一种时代精神。

再次，勇敢是骑士必备的品质。骑士是军事精英，作为军人他必须勇敢。社会其他阶层的人们对骑士的勇敢也有较高的期待。教

Christopher Hare《无畏无瑕的好骑士贝亚德》封面（Herbert Cole，1911）。贝亚德曾跟随三代法国国王（查理八世、路易十二和弗朗索瓦一世）征战一生，蜚声欧陆，是法兰西骑士的榜样、标杆和化身，代表着中世纪至文艺复兴时代西方骑士精神的典范

法王圣路易喂穷人食物。14世纪手稿画。大英博物馆藏

会更是大力宣扬为正义献身,死后可升入永恒天堂,鼓励骑士视死如归。因此,勇敢成为衡量骑士品格的重要价值标准,在骑士集团内部也形成崇尚勇敢、蔑视怯懦的风气。

还有,保护弱者也是骑士精神的组成部分。弱者不仅指女性、儿童、鳏寡孤独者,也包括神职人员和贫弱的人们。骑士行为准则中规定,应首先尊重这些弱者,并保护这些人不受强人的欺辱和伤害。保护弱者是骑士必须遵守的规则。由于中世纪社会经常会出现弱肉强食、凌辱穷人的现象,骑士的这项规则曾促使他们在扶弱济贫、除暴安良、行侠仗义等方面做过有益的事情。

此外,慷慨被视为骑士的美德,也是骑士精神的一项内容。社会希望骑士具有慷慨品格,在骑士小的时候,有些家长就会告诉孩子不要过分吝惜钱财,对那些穷困潦倒的善良的人们应予以接济。教会也极力宣扬:"如果你要达到完善,得卖掉你所有的产业,把钱捐给穷人,便有财富积存在天上。"因而,在骑士集团内部形成了慷慨高尚、吝啬可耻的观念,一般骑士,特别是贫困的骑士非常在

第十三章 骑士精神

Daniel Maclise
《骑士精神》。
油画，1845 年

乎领主是否慷慨，对吝啬的领主有些骑士甚至不屑于为之效力，由此看来，慷慨也是维护社会关系的一种需要。

骑士精神也包括重然诺、诚实守信。诚实包括不撒谎、不为谎言辩护和信守诺言。诚实，在骑士集团中之所以受到高度重视，是因为它与骑士的行为密切相关，诚实和信守诺言被视为是关系到骑士声誉和威信的大事，对某个骑士的诚实表示怀疑，往往被视为是对其人格的侮辱。有些骑士为了表示自己一诺千金、有实现誓言的决心，往往在誓言实现之前，做出不剃须发、不睡床铺、不吃肉、

那不勒斯国王路易斯为绳结骑士团（Order of the Knot）成员授剑。14世纪手稿画

把斗篷里子朝外穿、一只眼睛戴上眼罩等怪异的举动。教会也同样重视骑士的诚实，诚实是信仰虔诚的重要前提，没有诚实不可能有真正的忏悔，谎言是忏悔的敌人，没有真正的忏悔也不可能有真正的信仰。因此，教会要求骑士应有"诚实的心灵"，要信守诺言。骑士在宣誓时往往把剑放在圣坛上，或打开的《圣经》上，或圣徒遗物上，表明在上帝监督之下为实现诺言奋斗到底。

除上述几条以外，在11世纪以后，随着骑士爱情观念的产生和发展，骑士精神中又生出尊重女性的信条。爱情观念使骑士对女性，

骑士谦卑地接受贵妇人赠予他的头盔。《马内塞古抄本》,14世纪,海德堡大学图书馆藏

至少对贵族女性的态度和行为发生了明显变化。爱情观念产生之前,许多骑士对女性的态度冷漠、行为粗暴甚至残忍,爱情观念产生后,骑士对女性态度发生变化,这种变化既表现为骑士文学作品中所大力渲染的保护女性和尊重女性的内容,也表现为12世纪以后骑士行为准则中对救助和保护女性的专门条文规定,还表现为实际生活中一些骑士为了帮助和保护女性,不惜任何代价。骑士对待女性的这种观念和态度,到中世纪后期形成社会风尚,并引导近代西欧社会出现一系列尊重女性的社交礼节。

在爱情观念的带动下，骑士精神中又衍生出彬彬有礼的风尚。早期的骑士们根本谈不上有什么礼节，他们把欺骗、抢劫、杀人越货视为正常行为。爱情观念为骑士树立新的道德观念起到了重要作用，当然，这也与贵妇人对骑士从小开始的相关教育有密切关系。作为一名优秀的骑士要懂得社交礼节、对人谦逊有礼、衣着整洁得体、举止大方、谈吐高雅，不可污言秽语、蛮横无理，更不能恶语中伤或嫉妒他人。这些观念，为西方近代"绅士风度"的形成起到了铺垫作用。

## 信仰虔诚

人是需要信仰的，中世纪的人更离不开信仰，骑士的军人角色、出生入死的经历也促使他们内心需要信仰。基督教在西欧中世纪占据信仰的垄断地位，它像空气一样弥漫到整个社会的各个角落。骑士作为这个社会中的重要成员，基督教成为他们必然的信仰。骑士必须是基督教徒，非基督教徒几乎不可能被接纳为骑士。当时的人们普遍认为，没有经过洗礼的人，不会拥有一颗纯净的心；不信奉上帝的人，不可能很好地履行骑士义务。在西欧中世纪汪洋大海般广泛深厚的信仰氛围里，基督教成为人们思想观念和道德标准的尺度，人们遵循基督教的观念观察事物、认识事物、确定是非标准。因此，骑士是不是基督教徒，信不信仰基督教成为决定他能否进入骑士行列的前提，成为他能否被当时社会接纳的基本条件。

骑士既然是基督教徒，就要遵守教规，履行教义。通常，他每天都要祈祷，祈祷是骑士生活的一部分，也成为他们的习惯，特别是在重大事情到来之前，更是如此。祈祷离不开忏悔，忏悔也是骑

罗兰死去,他的灵魂由两位天使转移到天堂。《罗兰之歌》插图,14 世纪

士每天经常做的事情,通过忏悔可向上帝倾诉自己的过错和罪孽,求得上帝的宽恕。忏悔不仅能使骑士们减轻负罪感,更可使他们以悔罪的心情投入战斗:"让每个人忏悔,不让任何罪过隐瞒,然后让我们情绪激愤,痛杀异教徒"。忏悔也是骑士在临死之前必不可少的活动,他们认为忏悔可求得心灵的洁净,并能求得上帝的原谅,死后可能会升入天堂。罗兰在临终前忏悔道:"上帝,我祈求你,以你的善良,将我的大小罪过加以原谅,一切罪过从我出生的时光,直到我最后遭到死亡!"对上帝坚定不移的信仰成为中世纪骑士们不可或缺的精神力量。在战场上,临终前,如果没有神父在身边,骑士也可以向亲属或战友忏悔,以求得上帝宽恕和灵魂得救。此外,

在有条件的情况下，骑士每天还要做弥撒，特别是在战役和司法决斗等生死攸关的事件到来之前，弥撒必不可少，而且，在各种重大事件结束后，到教堂做弥撒也是必须的。忏悔、祈祷、做弥撒等成为骑士经常性的活动。信仰基督教已成为骑士最为重要的心理需要。

由于信仰的存在，许多带有宗教性质的行为似乎具有了决定战争胜负的意义。中世纪德国骑士在出征时把圣矛（Holy Lance）和十字架举在队伍的最前面以振士气。意大利军队则在插有军旗的四轮马车上高高地设置一个精致的圣体盒，以鼓舞士气。中世纪时期，战役的胜败经常被认为是上帝判决的结果，许多人还相信圣母的干预，还有人坚信一些圣物也具有神奇的功力，甚至可扭转战局，转败为胜，转危为安。在中世纪编年史中这类记载较为常见。第一次十字军东征期间，在十字军守护地中海东岸的军事重镇安条克城的过程中，曾出现一件"奇迹"：十字军围攻这座城市近一年后，终于攻占了它，随后不久，占领安条克城的基督徒军队又被新来增援的伊斯兰教徒军队团团围住。由于安条克城之前已经被十字军围攻了近一年，他们占领这城市时，它几乎变成了一座空城，再加上长期征战，骑士们已经疲惫不堪，粮草断绝。由于被重新围困，没有食物，有人以腐尸充饥，士气跌落到极点，有些意志薄弱的战士为了求生弃城逃亡，十字军军心浮动，安条克城随时有可能被伊斯兰教徒重新攻下。

正当十字军处于绝望之际，关于上帝的"奇迹"和"异象"的各种传说在军队中广泛流传开来，一个叫彼得·巴托罗缪的人告诉军事统帅雷蒙伯爵，说他在夜里梦见圣徒安德烈显灵，向他显现了罗马士兵当年用来戳刺耶稣身体的长矛矛头，并且信誓旦旦地说，这个矛头现如今就在安条克城中的圣彼得教堂里，如果能找到这支

《发现圣矛》。Jean Colombe，1430—1493 年

圣矛，就可避免一切灾难，取得胜利。雷蒙伯爵于是下令到教堂中寻找，结果真的找到了一把锈迹斑斑的矛头。这件"圣物"的发现在当时引起许多人的怀疑，神甫们不得不对当事人彼得用神命裁判法进行甄别，结果彼得在火刑中死去。尽管如此，十字军中仍有许多人坚信这一"神迹"，他们将这把矛头装在旗杆上插在城头，鼓舞士气，然后打开城门主动出击，结果打败了伊斯兰教徒的军队。通过这个故事我们能进一步体会到当时的骑士对基督教的信仰程度，以及这种信仰对骑士有多么重要。

既然信仰基督教，那么，保护教会便成了骑士义不容辞的责任。"保卫教会！"是中世纪骑士在许多战场上的战斗口号，"必须在保卫神圣的教会中流尽你的血"成为骑士必须遵守的规则。教会理论认为，骑士是上帝的战士，他们有责任和义务保护教会。在亚瑟王传奇中，武艺高强的圆桌骑士兰斯洛特要离开抚养他长大成人的湖仙女到外面世界闯荡，临行前湖仙女语重心长地对他讲了一番话，其中有一句，你必须保护神圣的教会，因为教会不能保护它自己。在骑士受封仪式上，主持授剑者也会对骑士说："以圣父、圣子和圣灵的名接受这把剑吧。用它保卫上帝的教会，消灭耶稣基督的敌人"。

信仰基督教、保护教会是骑士自身的一种需要，他们所处的时代和从事的职业促使他们在精神上必须依赖宗教，而教会各方面的利益也有待于骑士的保护和支持，双方有着互惠互利的关系。骑士把虔诚信仰上帝作为最高的精神追求和美德，并且在骑士集团内部形成一种观念，即"为信仰而死最高尚、最值得敬佩"。

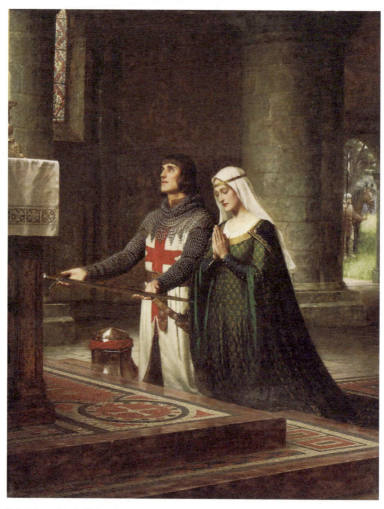

《奉献》：骑士和情人在祭坛前向上帝祈祷；骑士手捧宝剑，愿为上帝献身。Edmund Blair，1907年

## 勇敢

古往今来世界各地的军人似乎都把不怕死、勇敢作战作为他们的职业要求,但是,不同文化背景下的军人有不同的勇敢理由,为什么不怕死在很大程度上决定着勇敢的程度。在西欧中世纪有"无骑士不勇敢"之说,而且,在骑士集团内部有一个共同的信条,即"死去比被称为懦夫要好"。

我们前面介绍了古代日耳曼人的情况,他们把勇敢、顽强看成是战士最重要的品格,男子在战场上的任何怯懦表现都将遭到所有人,包括女性和儿童的藐视和耻笑,妻子和母亲都不能容忍自己的丈夫和儿子贪生怕死、临阵脱逃,更不能忍受他们叛变投敌的可耻行径。另外,他们还认为,能够用流血的方式得到的,决不用流汗的方式,通过流汗生存是低层次人所为。

到中世纪,骑士集团内部把好战和作战勇敢视为骑士的荣誉和高尚品格,并且,把骑士的勇敢表现划分出不同等级,以此作为评价骑士行为的标准:在比武中表现出的勇敢,不及在战场上与敌人格斗时表现出的勇敢高尚;战斗中的一次性勇敢冲杀不及在混战中勇猛厮杀更为荣耀;以上各种表现不及在战斗中特殊场合的特殊表现,例如,从云梯上第一个登上敌人的城墙,从被围困的境地第一个率众杀出重围,从海船上第一个登陆与敌人拼杀,在攻城中挖掘地下巷道时与对方相遇展开搏斗等,都属于特殊场合的勇敢表现。在所有的勇敢表现中,参加十字军打击异教徒,被视为是勇敢的最上乘表现。

勇敢、好战成为骑士集团内部的一种风尚和气氛,他们对胆小、懦弱的行为举止异常敏感,一旦出现这类情况会遭到周围人的嘲笑和蔑视，不仅一般的骑士如此，即便是国王，在战场上也要表现得勇猛顽强，否则也会遭到谴责和耻笑。骑士们相互注意对方的勇敢行为，注意观察每次军事活动中参战者的表现，哪些人被大家认为表现得优秀，哪些人表现得胆怯、差劲，过后，他们会用非常粗俗的语言挖苦后者，并且记录在案。受到谴责和嘲笑者丢的不仅是个人的脸面，还殃及他家族的声望和荣誉。那些在战场上表现很差并造成重大不良后果者，有可能被编年史家记录在册，留下千古骂名。

在实际战争中，骑士的逃跑被视为耻辱，不过，在战场上被俘，则不被认为有失荣誉。由此看来，骑士在战场上要不使自己的荣誉受损，或者战斗到死，或者被俘。因而，从理论上讲，要保持荣誉，骑士在战场上只有两种选择：战死或被俘。然而，在战场上不可能只有战死和被俘两条路，合理的撤退以保持实力是战争的基本策略，但是，如何区别战场上的畏敌逃跑与合理的撤退是件难事。对此，圣殿骑士团曾做出规定：一旦基

扬·凡·艾克《基督的骑士》，油画，1432 年

督徒军队被打败,而且已经看不到队旗在飘扬,骑士团成员如果愿意,可以立即撤离。这项标准后来为骑士们共同认可。由此可见,骑士在战场上是否失败与是否勇敢是两回事,被区别对待,从而体现了"不以成败论英雄"的评价原则。只要不逃跑,表现勇敢,在战场上虽败犹荣。

骑士之所以形成崇尚武力和勇敢的风气,除了军人身份使然,还有一些社会因素起到推动作用。教会是骑士勇敢精神的积极鼓动者,依据教会自身的观念和利益要求,对骑士的勇敢精神不断地加以引导和利用,使骑士的勇敢与保卫教会、保护弱者、与异教徒血战到底等理念联系在一起,成为激励骑士勇敢作战的精神力量。而且,教会大力宣扬为正义而战上帝会保佑、为正义而献身死后可升入天堂的观念。1095年,教皇乌尔班二世在鼓励十字军东征的演说中曾蛊惑在场的贵族们:耶路撒冷是世界的中心,物产丰饶,可与天堂相比,它等待着你们的团结战斗,等待着你们的拯救,不要迟疑,上帝赐给你们强大的威力,你们的罪过由此可得到赦免!十字军东征断断续续进行了近二百年,大规模有组织的行动达八次之多,有一些国王如英王狮心理查、法王腓力二世、德皇红胡子腓特烈等都曾组织和参加过东征,大批骑士战死在东征的战场上。大规模的东征不乏物质利益的驱使,但是,教会的精神激励也是促使骑士纷纷奔赴东方进行战斗的重要原因。在十字军东征的过程中,西方骑士们曾喊出口号:"我们就是进了天堂也要下来与撒拉逊人战斗!""即使耶路撒冷城是铁打钢铸的,我们用牙齿也要把它撕开",充分体现了在基督教精神激励下勇敢战斗、视死如归的劲头。

骑士必须勇敢也是社会其他阶层成员的期许,中世纪的社会分工理论明确划分出骑士和其他社会成员不同的职责和任务,骑士的

教皇乌尔班二世到达法国,鼓吹"圣战"。中世纪手稿画

职责就是要保护其他所有人的安全和社会秩序。因此,骑士的勇敢程度成为世人关注的焦点,几乎每个人都很在意骑士是否勇敢,不能原谅骑士在战场上的怯懦表现。在杰出的骑士奥兰治的威廉的故事中有一段情节:威廉率领手下的所有骑士出外与异教徒进行一场激战,城堡中仅留下两个男人,一个是守门人,看护着城堡的吊桥,另一个是神父,守护着人们的灵魂。所有的女性和孩子们都躲在城堡中焦急地等待着战争的消息。突然,守门人冲进大厅喊道:"有一个人在城堡门前想进来!""他是谁?"人们急问。"他是主人威廉。"守门人回答。威廉的妻子桂波丝激动得浑身颤抖,匆匆登上城门楼,看到城堡门外孤零零地站着一个人,他神情沮丧,身穿阿拉伯人的服装。桂波丝立即说:"他是异教徒,不要开门。"对方悲哀地回答:"不!我不是异教徒,我是威廉,我之所以穿这身衣服是为了躲避成千上万阿拉伯人的追击。"泪水沿着他的脸颊流了下来。桂波丝仍不敢相信:"你的声音像威廉的声音,但许多人的声音都

中世纪的三个等级：神职人员（左）、骑士（中）、农民（右）。中世纪手稿画

是相像的。"威廉随即摘下头盔，露出了血迹斑斑的脸，桂波丝立刻认出了他。此时，远处传来一阵哭喊声，那是基督教徒俘虏们被异教徒驱赶和殴打着悲惨地乱作一团。看到这些，桂波丝被激怒并对威廉喊道："你是多么可怜，你竟然在这里宣称你是光荣勇敢的威廉骑士，你能容忍这种可悲的场面吗？不！不！你不是威廉！他绝不会使基督教徒遭受如此命运而自己苟且偷安！"听到这些话，精疲力竭的威廉离开城堡，孤身一人又投入战斗，当他最后从阿拉伯人手中解救了俘虏再次返回城堡时，妻子立即为他打开了城门。

此外，到11世纪末以后，骑士的勇敢也受到贵妇人的激励，骑士对贵妇人的爱情成为他们勇敢精神的一种新能源，社会上从而出现"爱情使骑士勇敢""勇敢激励爱情而爱情促进勇敢"的说法。

无论怎样崇尚武功，在实际战争中骑士们不可能都像诗歌中描写的英雄那样勇敢，实际生活中的骑士所表现出的勇敢往往也与他们的实际利益联系在一起。中世纪有一个低等级的骑士曾直言不讳

在蒙蒂尔战役（卡斯蒂利亚内战中的一场战役）中，作战双方的骑士以密集队形展开厮杀。让·傅华萨《编年史》，14 世纪

地说，他希望有钱的领主们相互仇恨并发动战争，因为在战争期间，领主对附庸比平时更高贵、更慷慨、更仁慈。领主们一旦宣布战争，"我们就可以笑了，因为他们会喜欢我们……如果他们想让我们依附于他们，他们必须付给我们高额的价钱"。有许多穷困的骑士正是由于在战场上的功绩而发家致富的。追求财富，可谓是骑士勇敢的重要推动力，不怕死的战斗和冒险是骑士们改善经济状况和社会地位的有效途径。

## 忠诚

在封建社会,忠诚是被非常看重的一种道德观念和品格,它是维护人与人之间关系的重要因素。忠诚是骑士从领主那儿分得采邑的一个前提,也是结成主从关系必不可少的条件。领主把采邑作为薪俸授予附庸,作为固定财产的采邑成为附庸为领主服兵役的前提条件,领主把它授予附庸,等于把附庸本人及至他子孙后代终身服役的薪俸提前预付了出去,那么,怎样才能促使附庸始终尽心竭力地履行对领主的义务?除了领主的震慑力外,还要靠道德的力量——附庸的忠诚来维系双方的权利义务关系。忠诚成为西欧中世纪封建肌体不可缺少的筋脉,它贯穿于封建等级结构从上到下的各个环节之中,被视为每个骑士必须具备的品德。在一些重要仪式和宣誓中,忠诚宣誓是重要的内容。在"臣服仪式"中,附庸对领主的忠诚宣誓成为整个仪式中的重要内容。采邑重新继承时,继承者对领主要重新宣誓效忠。忠诚的宣誓常要面对《圣经》或其他圣物来举行,以证明和保证誓言的诚实可靠,带有宗教成分的效忠宣誓,更具有可信力和可行性。

骑士的忠诚主要表现在附庸对领主的效忠上,由于等级体系中的某一个附庸又有可能是其他人的领主,因而,忠诚被主从双方所强调,成为骑士集团每个成员必须严肃对待的事情。在中世纪,忠诚除了道德内涵之外,还与人们的行为以及所承担的义务结为一体,并被赋予明确的实际内容,从而成为涉及主从双方根本利益的问题,正如当时一位公爵对忠诚的解释:忠诚是指,每个对其领主宣誓效忠的人不得伤害其领主、泄漏领主的秘密、出卖领主的堡垒、妨碍领主的司法审判、损害领主的荣誉、造成领主财产损失。同时,还

查理大帝的附庸向他表示效忠和敬意。《丹尼斯编年史》插图,14世纪,巴黎阿瑟纳尔图书馆藏

必须对领主履行各种义务,提供各种帮助和建议等。忠诚也表现在领主在战场上处于危险境地时,附庸应挺身而出,舍身救助。因此,忠诚成为履行封建义务、维护主从关系和谐的重要因素,没有牢固的忠诚,主从关系难以持续,附庸的各项义务也很难有效履行。

中世纪文学作品中所歌颂的忠诚,不止于附庸严格履行各种义务和维护领主利益,还表现为当领主犯有错误和罪过时附庸的极大容忍。在武功歌《罗欧·德·坎伯拉》中,领主罗欧向赫波特家族发动战争时,他手下的一个扈从勃涅尔是赫波特家族的后代,从15岁时便跟从罗欧,为其尽忠效力。勃涅尔的母亲已成为修道院的修女，她恳求儿子放弃效忠罗欧，但遭到儿子的拒绝，儿子说领主罗欧已经为他提供了战马和衣物，他应该效忠于领主，并履行曾宣誓的诺言。母亲被儿子的忠诚所感动，对儿子说："儿子，根据我的信念，你是对的。为你的主人效力，你将由此而赢得天堂"。后来，罗欧下令进攻并烧毁勃涅尔母亲所在的女修道院，勃涅尔看到母亲被烧死，强忍悲伤和痛恨，并没做出反叛的举动。直到返回营帐，喝了酒的罗欧嘲笑勃涅尔，并且用长矛杆打他的脸侮辱他，此时勃涅尔才率领手下的人离开了罗欧的军队。在中世纪骑士文学中，这类忠诚的故事被视为骑士高尚品德的体现，并予以大力歌颂和赞扬。

与今天相比，中世纪的人们对忠诚更为重视和强调，这是社会的需要。战争不断、社会动荡、暴力横行，再加上国家权力软弱、法治欠缺、官员职责意识淡漠，因而私人间的相互依赖关系倍受人们重视，并成为人们寻求安全、获得利益的重要依托。中世纪所建立起来的层层主从关系体系，构成了人们相互依托的安全防护系统，主从关系中的私人隶属性质主要是靠忠诚来黏合的。

骑士的忠诚也受基督教观念的影响。教会对骑士的忠诚信条始终采取引导态度，教会认为，不忠实于领主是一种犯罪，而且这种罪过单靠忏悔不能得以解脱，必须要进行痛苦的修行。然而，教会在强调附庸对领主必须忠诚的同时，更把骑士引入基督教信仰轨道，使骑士们深切地感到，上帝是最高主宰，任何忠诚最终都应归于上帝，如果领主违背上帝的意旨，其手下的骑士应放弃与之订立的忠诚誓约。

骑士的忠诚也受到爱情观念的影响，当骑士的爱情观念蔚然成风以后，骑士又以极高的热情效忠于贵妇人，把对贵妇人的忠诚程度作为衡量骑士是否优秀的标准。13世纪的德国骑士乌瑞克长期爱

虔诚祈祷的骑士。
版画，18世纪

恋和崇拜一位贵妇人，为了表示自己的忠诚，他到处以这位贵妇人的名义举行比武大赛，并以砍断自己手指头的疯狂行为表示自己对这位贵妇人的忠贞不贰。爱情观念使骑士传统的忠诚观念发生变化，忠诚被部分地转移给了贵妇人。

　　事实上，随着时间的推移，与骑士服役等职责挂钩的忠诚不可能被一如既往地坚持下来，它会随着骑士对利益的追逐而变淡，甚至变质。任何领主都会对武艺高强的骑士进行拉拢，授予他们采邑和各种好处；骑士受实际利益的驱使，也会为给他好处的领主效力，因此，"多重臣服"现象便越来越普遍，骑士所效忠的领主数量越来越多。到 11 世纪和 12 世纪，人们对多重臣服的现象已司空见惯。13 世纪最后的几年中，德国的一位男爵逐渐成为 20 位领主的授田附庸，另一位男爵则有 43 位领主。这种现象对忠诚几乎是一种无情的嘲弄。

## 骑士行为准则：骑士精神的外化

骑士精神很大程度反映在骑士集团内部形成的行为准则方面。骑士的行为准则有个逐渐形成和发展的过程，到 11 世纪末 12 世纪初基本完善，其内容涉及军事、宗教、政治、伦理道德、生活等诸多方面。各项规则并非是某个君主、某位教皇或某类大会颁布制定的结果，而是传统习俗、基督教观念以及骑士自身价值取向综合作用的结果，并在文学家、理论家们的归纳总结中得以规范和成熟。

骑士的一些规则源于日耳曼战士的习俗，起初具有浓厚的日耳曼"蛮族"野蛮、残暴、嗜杀成性的特征。在中世纪早期的材料中，很少能看到对骑士文明行为的记载。到 11 世纪，随着欧洲经济的恢复和发展、内部战争的减少、文化教育的繁荣，骑士集团内部越来越重视行为的规范，各项准则从以往模糊的状态变得清晰、明确，其中，骑士文学、教会人士的论著、学者们的归纳总结，对骑士行为的规范化起到了重要作用。

在骑士文学中有大量内容描写优秀骑士的品格，如勇敢、忠诚、慷慨、谦卑、宽大为怀等，并视这些品格为人类最高尚、最值得弘扬的品格，从而为骑士行为准则的确立制定了标准。此外，一些教会理论家们针对骑士的社会地位提出了一系列要求，并且较具体地阐述了骑士的职责以及在现实生活中的行为规则。教会理论家们认为，优秀骑士应该是以基督教道德武装起来的战士，他们的行为应以基督教观念为准则。一些世俗学者或具有骑士身份的理论家们吸收了骑士文学中的内容，也充分接纳了基督教的思想，使骑士行为准则更为充实，也更容易为骑士们接受。在这类理论家的观点中存在着与教会观点不一致的内容，认为骑士尽管是基督的战士，但并非单纯属于教会，他们有自己的荣誉观和精神追求。因而，对教会明令禁止的比武大赛他们仍鼓励骑士参加；同时他们还宣扬骑士追求爱情有利于完善其品行，鼓励骑士追求贵妇人；他们还支持骑士参加各种娱乐活动，唱歌跳舞，甚至饮酒作乐等。总之，骑士文学的描述、神学家的总结、世俗学者的论述，为我们系统地认识骑士行为准则提供了依据。

骑士行为准则所涉及的范围较为庞杂，有许多人对此做过概括，其中，中世纪时期法国宫廷诗人尤斯塔斯的归纳较具代表性，他把骑士行为准则提炼成下面的内容：

> 你应遵循骑士规则，
> 它将引导你走向新的生活，
> 虔诚，不断地祈祷，
> 远离傲慢、卑劣和罪恶，
> 守卫教会，
> 保护人民，
> 救助鳏寡孤独。
> 勇敢、忠诚，
> 不可巧取豪夺。

皮波·斯帕诺（Pippo Spano），15世纪最著名的骑士，在1417年和1425年对土耳其人的胜利中，他的军事天才发挥了关键性的作用。15世纪的艺术家安德烈亚·德尔卡斯塔·尼奥的这幅壁画作品，可谓整个文艺复兴时期透视艺术手法运用最成功的典型代表作之一，成功地表现了这个人物身上理想化的气质：勇敢、坚韧、执着，是骑士精神的完美体现

第十三章　骑士精神

你应谦卑，重然诺，
英勇战斗，
行侠仗义，
履行职责。
为贵妇人的爱比武，
赢得荣誉，
免遭谴责。
行为果敢不怯懦，
扶助贫弱，
骑士当以此为准则。

到了近代，研究者们对中世纪骑士的行为准则也有归纳和总结。19世纪末，L.高梯通过对骑士文学的研究，把11世纪和12世纪的骑士行为准则概括为以下10条：

1. 骑士应信奉基督教教义并服从它的所有戒律。
2. 骑士应保护教会。
3. 骑士应尊重所有弱者并成为他们的保护者。
4. 骑士应热爱祖国。
5. 骑士在敌人面前不退缩。
6. 骑士对异教徒要进行不断的

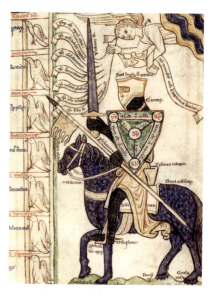

《基督教战士》（13世纪手稿画）。画面上骑士的军事装备均与建立在基督教教义基础上的骑士精神相关联：头盔代表对未来幸福的希望（spesfuturigaudii）、盾牌（三位一体）表达信念（fides），盔甲代表慈善（caritas），长矛代表毅力（perseverantia），剑代表神的启示（verbum D）

无情打击。

  7. 骑士应严格履行封建义务，倘若它们不违背上帝的法则。
  8. 骑士绝不可撒谎，并要信守诺言。
  9. 骑士应慷慨大度，对每个人宽大为怀。
  10. 骑士无论在什么地方都应坚持正义反对邪恶。

  纵观骑士行为准则，我们可看到其中各项内容有内在关联。信仰是骑士行为准则的首要准则和前提，骑士行为准则的其他各项都与之有密切联系，也都能从信仰中找到相应的解释。然而，我们在了解骑士行为准则的同时，也应该认识到，这些准则只是对骑士行为的一种较高的要求和约束，而不是骑士的实际行为表现，准则与实际行为是两回事，实际生活中的骑士恐怕很少有完全按照这些准则行事的。不过，通过这些准则，我们能看到优秀骑士的行为方向和标准。

  骑士精神是西方历史和文化的宝贵财富，尽管骑士和骑士制度已随封建社会的瓦解而消失在历史的长河中，但骑士精神却一直保留了下来，并影响到西方后来的思想和文化，到19世纪，欧洲人为重塑社会道德标准所推崇的绅士风度不过是中世纪骑士行为准则的新发展，绅士行为标准的核心内容被当时的人总结为"生活纯洁，说话真诚，纠正错误，遵从上帝"，与骑士的行为准则有异曲同工之处。

# XIV

第十四章

衰 亡

骑士在8世纪前半期出现，经过11世纪末至14世纪初的鼎盛阶段，到17世纪初左右退出历史舞台，几乎伴随西欧封建社会的始终。骑士从衰落到消亡，历时约3个世纪。在这较为长期缓慢的历史进程中，有多方面因素起了作用。

## 政治上的失势

中世纪的城市普遍兴起之后，极大地促进了手工业和商业的发展，商业的繁荣，推动了货币经济的发展。13世纪，欧洲贵金属开采量大幅度增长，为生产大量货币提供了有利条件。13世纪初以后，西欧普遍开始铸造大额货币，以满足货币流量增加的需要。货币大量流通推动了银行业的兴起和发展，银行业反过来使货币流通量和流通速度大为提高。

货币的广泛流通，改变了以往通过分封土地和财物建立和维护军队的做法，君主们用税收得来的大量货币招募雇佣兵，建立新型的军队，新型的雇佣兵军队成为取代骑士军队的重要军事力量。与此同时，由于货币大量流通，一些骑士可以用缴纳货币的形式代替服兵役，而领主用这笔钱再雇用其他人当兵服役。由此骑士在军队中的数量越来越少，而且有些貌似骑士的军人其身份已经发生了变化，一些工商业者家庭出身的子弟，通过捐助钱财等手段晋封为骑士，获得骑士荣誉头衔，从而使骑士队伍成分发生变化，真正的骑士逐渐消亡。

雇佣兵的出现和平民家庭子弟晋封为骑士，使骑士以往不可替代的地位发生了动摇，而商品货币经济的发展对西方建立在采邑分封制基础上的封建权利体系的破坏，更使骑士的政治地位受到了致

兰斯奈特（Landsknechte），活跃于15—16世纪的德意志雇佣军团，以荒淫的生活和奢华的着装出名。蚀刻画，Daniel Hopfe，约1530年

命的打击。采邑分封在建立骑士军事组织基本框架的同时，也建立起封建权利体系，各级领主在其采邑上拥有护卫、统辖、管理的权力。各级领主手下的一些骑士往往在政权结构中占据重要地位。采邑分封形成的主从关系，也是各级领主选人用人的依据，领主选用官吏时首先考虑的是手下的附庸骑士。然而，商品货币经济的发展使工商业者逐渐进入国家机构，贯穿主从关系的政权体系遭到破坏，骑士在政权结构中的地位受到排挤和取代。君主们可以通过税收增加收入，并用货币支付官吏的薪俸，国家机构朝着名副其实的政府方向转化，国王逐步由领主转变为君主。骑士在政治舞台上的失势，既是骑士消亡的原因也是其消亡的一种表现。

骑士资格和头衔的泛滥使骑士威望下降。到中世纪后期，许多平民和雇佣兵只要能在战争中表现出一些特长和技术，便有可能被封为骑士。另外，国王们为了获得金钱出售骑士头衔，法国成了富有的律师、商人和其他非贵族出身者获得骑士称号最多的国家。面

骑士死在家中。15世纪手稿画

对这种现象，当时有人曾愤愤地写道：几年来，每一个人都看到，所有劳动人民，包括面包师傅、梳毛工、高利贷者、银钱兑换商和各种各样的恶棍是怎样变成骑士的。"当一个官员去管理一个地方小市镇时，他为什么需要一种骑士身份呢？这个头衔和任何一般混饭吃的职业有什么关系呢？不幸的尊严你何其衰颓啊！那长长的一系列的骑士职责，我们的这些骑士们尽到了哪一项呢？我所以要说这些事情为的是使读者看到：骑士身份已经死了。如果竟至于把荣誉赠给死人，那么为什么不赠给木石，不赠给一头牛呢？"

第十四章 衰 亡

1581年4月,英王伊丽莎白一世为著名的私掠船船长德雷克(Francis Drake)举行授剑仪式,册封其为爵士,以奖励其在海上公开袭击和劫掠西班牙船只的行为。版画,19世纪

## 军事上的失利

　　随着军事技术的发展,中世纪后期骑士逐渐退出欧洲战场。军事技术发展主要表现在新武器的出现和新型军队的建立。对骑士最早构成致命威胁的新武器是长弓。长弓通常由白蜡木、榆木或紫杉类木料制成,这类木头质地坚硬并富有弹性,再加上弓身较长,长约1.8米,因而发射出的箭很有威力。用此长弓发射的箭能穿透骑士的铠甲并伤及其身体。一名优秀的长弓手可射穿厚重的橡木城门,还能穿透骑在马上的士兵的腿并射中战马。这种长弓不仅威力大,而且发射速度快,是传统十字弩发射速度的两倍,每分钟可发射10—12支箭;再有,这种长弓的有效射程可达230米左右。长弓大体能扼制住骑士军队的快速冲锋,使大量骑士在冲入对方阵型之前

1346年8月26日的克雷西战役中,英国人用长弓打破了骑士不可战胜的神话。中世纪手稿画

克雷西战役中的英国弓箭手。中世纪手稿画

纷纷落马。1332年,英王爱德华三世在苏格兰战场上指挥骑士们下马作战,并以弓箭手保护他们的侧翼,密集的弓箭击退了苏格兰骑士军团的冲击,随后,爱德华三世组织骑士冲锋,大获全胜。一年后,在哈林顿山战役中英格兰军队仍采用这种方式,骑士们先是站在弓箭手后面,弓箭手的密集怒射使苏格兰骑士军队乱作一团,英格兰骑士随后上马,乘势攻击,使陷入混乱的苏格兰军队惨败。

这类弓箭手最初出现于南部威尔士,由于能对骑士军队构成威胁,被英国国王所重视。13世纪末,由农奴和自耕农组成的训练有素的弓箭手已成为英国军队中的重要组成部分。在英国,由于注重骑士下马进行战斗,并辅之以弓箭手们的配合,引起了作战方式的变化,各种类型的步兵在战场上发挥出越来越大的作用。步兵在战场上地位的提高使骑士们的作战方式也发生相应变化,以往骑士们

15世纪的长弓及布阵。中世纪手稿画,大英图书馆藏

一直认为自己是军队中的佼佼者,由于骑马作战而自视高人一等。如今,在战场上他们也时常成为步兵的一员,与没有贵族身份的长矛手或弓箭手们并肩作战。从14世纪以后,骑士骑在马上作战的时间逐渐减少。

对骑士构成更为致命威胁的武器是枪炮。1346年,爱德华三世率领的英国军队在克雷西战役中曾使用三门火炮打击法国军队,尽管火炮在这场战役中并没发挥决定性作用,但却预示着这类武器将逐渐取代长弓而成为摧毁骑士军队更为有效的工具。然而,最初,使用黑色火药的火炮数量很少,炮体十分笨重,也很不安全,经常会自爆而伤及使用者。后来,法国国王查理五世力图用火炮加强其军事防御能力。他曾下令在许多要塞和城堡架设火炮。在14世纪末期,火炮不仅被用来防卫,也用来攻城。在"百年战争"中,由于

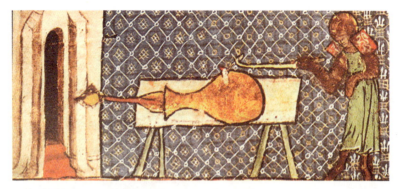

最早出现在中世纪手稿画上的加农炮。Walter de Milemete，约 1327 年

法军连连失败，法王查理七世大力生产火炮，使法国成为大炮制造业最发达的国家。

到 15 世纪初期，在欧洲已经出现了各种各样的火炮，这个世纪的 50 年代，各种火枪也相继出现，火枪当时的构造是将一根金属枪管固定在木把上，用沾满硝末的布条作为引线点燃火药并发射子弹。这类火枪从装药到射击的全过程都较为复杂耗时，而且击中目标的准确度也很成问题，特别是对使用者的安全构成很大的威胁，枪体很容易爆炸，造成使用者的伤亡。因此，在 16 世纪以前，火枪并没有得到广泛的使用。在 15 世纪的欧洲，弓箭手在战场上仍发挥着重要作用。

武器的发展使军队结构发生变化，步兵在战场上逐渐显出优势。在 14 世纪初的几次战役中，步兵在与骑士交战过程中已表现出灵活、多变的特征。对骑士军队构成威胁的步兵，除了有弓箭手们组成的部队外，还有长矛兵。这类步兵，手持长矛，呈密集队形排列，以抵御骑士的冲击。在 13—14 世纪之交苏格兰人与英国人的战争中，由于苏格兰人的骑士数量较少，他们更多使用训练有素的步

13 世纪的加泰罗尼亚步兵

14 世纪的火器装备。1400 年手稿画

兵来对付英格兰的骑士军队。苏格兰步兵配有盾牌和长矛，长矛的长度达 3 米。在作战中，他们排成圆形密集阵容，长矛呈三个层次面对冲击而来的骑士，第一排持矛者蹲着，第二排跪着，第三排站立，形成豪猪式的队形。1298 年 7 月，在法可克战役中，苏格兰的威廉·瓦力斯的步兵使用这种阵形，挡住了爱德华一世率领的英格

第十四章 衰 亡

在1386年7月9日的森帕赫战役中,瑞士步兵的长矛方阵重创奥地利公爵利奥波德三世率领的骑兵。Hans Ulrich Wegmann

兰骑士们的最初冲击,尽管苏格兰军队在这次战役中最终失败,但此次战役的意义在于,步兵可以使骑士陷于无奈的境地,并有可能赢得胜利。与此同时,步兵在对付骑士的过程中使用的长矛也发生变化,出现类似戟一样的武器,它既能冲刺又能砍杀还能把骑士钩下马来。1302年7月,在考提拉战役中,佛莱芒人的步兵使用这种武器使法国骑士吃尽了苦头,一向傲慢不可一世的法国骑士败在了由平民组成的步兵手下。1315年,在瑞士的茂嘎坦,一支勃艮第人的骑士军队被瑞士的步兵打得一败涂地。在这场战役中,由于骑士所处的地位无法展开冲击,瑞士步兵使用长杆戟把骑士从马鞍上钩下来进行砍杀,勃艮第骑士伤亡惨重。此次战役后,讲究实际的瑞士人继续发展步兵,并使他们的步兵后来一度成为欧洲战场上最出色的军队之一,具有击溃任何一支骑士军队的能力。

军事技术的进步不仅表现在步兵队伍的扩大和军事技能的改进

在 1525 年的帕维亚（Pavia）战争中，法国的瑞士雇佣长矛兵和神圣罗马帝国的日耳曼雇佣长矛兵展开激战。蚀刻画，Hans Holbein the Younger，16 世纪早期

上，还表现在专门以挣钱为目的的雇佣兵的大量出现。最早大量使用雇佣兵的是英、法两国，双方不断的战争促进了雇佣兵制度的发展。雇佣兵往往来自不同国家，出身于各个阶层，他们中的许多人仍骑马作战。他们残暴、勇敢、富有经验，大都受过专门训练，其中一些人由于战功显赫而成为著名人物。他们中的许多人自发组织起来，拥戴一个人为首领，随首领受雇于某诸侯或国王。无论是谁，只要肯出足够的钱，他们便为谁效力。他们以战争为职业，靠战争谋生，把战争作为获利的机会。比起传统的骑士，这类雇佣骑兵有其长处，骑士迷恋于荣誉和形式上的勇武，而雇佣骑兵则更为实际，他们的目的简单，就是为了金钱和战利品。他们是更为纯粹的战士，而且较少受传统观念的束缚。1362 年，一支法国骑士部队在里昂附近被一支雇佣军部队打败，使传统骑士脸面尽失。大批雇佣兵的出现预示着欧洲近代军事的转型，也是骑士退出战场的重要标志。

第十四章 衰 亡

**中世纪晚期的重装骑士**

随着各种新型武器的出现和军队建设的发展变化,骑士在战场上的表现越来越差。到中世纪后期,骑士的盔甲越来越笨重,铁叶铠甲的通常重达二十多公斤,有的甚至达到四十多公斤,头盔的重量也近10公斤,再加上战马的盔甲、骑士自身重量和武器的重量,使战马的奔跑速度和耐力都大大降低。

尽管骑士的传统作战方式严重落后于时代,使他们在许多次战役中屡遭失败，但他们中的许多人仍不能摆脱傲慢和自鸣得意的感觉，也很少从失败中吸取教训；许多骑士仍循规蹈矩，按传统方式作战，但是在战场上他们已明显力不从心。在西方基督教世界的战场上是这样，在东方与异教徒的战争中也是如此。14世纪中叶，奥斯曼土耳其军队攻入欧洲，并对君士坦丁堡逐渐形成包围之势，此时的匈牙利成了伊斯兰教徒下一步进攻的对象。匈牙利国王被迫向西方君主们请求援助，于是，西方骑士们以"十字军"的名义组织援救，这支"十字军"中除了法国的骑士外还有为数不多的德国、波兰等地的骑士。他们以生活奢侈闻名，武器、族徽和旗帜用黄金和白银装饰，马匹也穿上华贵的缎子罩衣和白银镶嵌的护甲，骑士们个个衣着讲究，连侍从们也都穿戴特殊的制服。这支外表亮丽、五光十色的部队奔赴匈牙利，与该国的军队会合。匈牙利国王西吉斯孟德主张，部队应留守在匈牙利等待土耳其人的到来，而西方骑士们根本无视他的建议，认为他们的到来就是要像从前的十字军那样，主动打击异教徒并在战争中赢得荣耀。随后，他们决定立刻出击，把敌人赶出欧洲。

西吉斯孟德国王只好率领匈牙利军队随这支军队出发，骑士所到之处，大肆抢劫、屠杀，甚至平民百姓也不能幸免。当他们抵达防守严密的尼科堡时遇到了麻烦。由于没有相应的攻城器械，也缺乏攻城的热情，他们便在城堡外安营扎寨住了下来。他们在营寨中不断地举行宴会，并以比武和各种娱乐活动取乐，至于敌人的情况如何他极少去想，他们固执地认为土耳其苏丹早已被吓得远远躲开。尽管有消息传来说，大批土耳其军队正向他们开来，但他们把这些消息视为危言耸听，继续沉浸在宴会和狂欢之中。当土耳其苏丹率领的军队到来时，骑士们正在举行宴会，首领们醉醺醺地部署

1396年9月25日,十字军与土耳其军队在尼克堡外展开决战。塞巴斯蒂安·马梅洛特《海外远征》插图,1472—1475年

作战计划。

战斗开始后,土耳其苏丹把部队分为三部分,并以非正规骑兵和步兵作为先头部队,随后是部队的中坚力量,由正规骑兵组成,苏丹本人坐镇于第三道战线。

西方骑士们把全部力量分为两部分发动进攻,当他们冲向山坡的平坦地带时,出乎他们意料的是,土耳其人早已埋伏在他们进攻的路线上,并以柴草堆设置障碍,使战马很难通过。许多骑士被迫下马,结果遭到土耳其弓箭手的猛烈射击。随后,土耳其正规骑兵发动进攻,把西方骑士军队和匈牙利军队分割包围,匈牙利军队在

十字军俘虏被土耳其人残忍地杀害,以报复早期十字军在拉霍沃(Rahovo)对土耳其囚犯的大屠杀。手稿画,约1470年

惊慌失措中溃不成军,西方骑士们则被打得四散奔逃,许多人成了俘虏。战后,土耳其苏丹下令杀掉了几乎全部俘虏,只有少数几个地位显赫者缴纳大量赎金才得以保住性命。

## 作风颓废

到中世纪后期,当军事技术的发展越来越不利于骑士时,骑士们自身的作风也越来越颓废,他们追慕虚荣,热衷于华而不实的繁文缛礼,往日强悍的军人形象逐渐蜕变成庆典活动的点缀和装饰。

14世纪一场比武大赛中的马上长矛比武。中世纪手稿画

14世纪中叶以后,骑士们更加醉心于比武大赛,他们参加比武大赛更多是为了表现自己,有些骑士不分时间,不分地点,随时举行这类活动,甚至战争也不能妨碍他们满足这种嗜好。为了满足虚荣心,显示武艺,他们有可能把战争停下来,敌对双方的骑士可能在对阵的间隙举行比武。此刻,双方成了讲究礼仪、遵守规则的竞争伙伴。为了比赛顺利举行,他们会采取各种措施,保证对方的人身安全。英法百年战争期间(1337—1453),两国骑士们的比武几乎没有中断,比武的理由五花八门,有的甚至是为了贵妇人的爱情。1351年,布列塔尼的普劳梅城堡在英军控制之下,法国军队对此城展开围攻。双方对峙期间,法国骑士向英国骑士挑战,理由是为贵

15世纪法国骑士的长矛比武,无论是人还是马的装饰都尽显华丽甚至浮夸,对观赏效果的追求远远超过比武本身。《雷内国王的比赛手册》插图,15世纪

妇人的爱情比武。英国人立即响应,决定选出 30 名骑士与对方进行较量。随后,双方共 60 名骑士在不骑马的条件下相互厮杀,直到其中的 15 人被杀死、其余的都受了重伤才终止。

中世纪后期,骑士比武的规则越来越复杂和讲究。在长矛比武的过程中,骑士要听从司仪官的信号和指令,遵守各种比赛规则,并使用杀伤力较轻的钝头"礼貌武器"。比武场上,除了骑士通身穿戴盔甲,战马也披挂铠甲,骑士和战马如同机器一样,行动迟缓笨拙,比武很少有风险。与此同时,比武大赛越来越带有戏剧观赏性,很大程度上是为了满足观赏和娱乐的需要。赛场周围通常建有宽大的观赏台,比武场具有舞台效果,搭建起木头城堡、桥梁以及村庄等类似舞台布景。有些比武大赛还根据亚瑟王传奇中的情节进行编排。

到15世纪，比武大赛变得更为华丽和富有戏剧性。有些比武大赛，贵妇人也参与其中，装扮成故事中的角色。1449年，安茹领主举办的比武大赛再现了传奇故事"牧羊女"中的一段情节，比武场被布置成带有草房的乡村场面，安茹领主美丽的未婚妻扮演其中的牧羊女。

骑士们玩着他们自己的游戏，沉浸在烦琐的规则和礼仪之中，而且，在相当长的时期里，他们自认为这些才是正经事。从勃艮第公爵举行的"野鸡誓约"中我们能看到骑士们的浮华追求。1454年，勃艮第公爵在其宫廷中举办超豪华的宴会，此前一年，君士坦丁堡被奥斯曼土耳其人攻陷，西方许多人要求组织十字军进行东征。这次盛大的宴会云集了当时许多王公贵族和骑士以及贵妇人。宴会中一位身材高大、穿摩尔人服装的卫士牵着一头身披丝绸的大象走进会场，大象身上驮着一座小型"城堡"，里面坐着一位贵妇人，身穿锦缎，披黑斗篷，代表圣母教堂。当大象伴随乐曲声最后停在公爵面前时，大象背上的贵妇人不断地讲述基督教徒的不幸，并请求骑士解救他们。此刻，一位传令官走上前来，手持一只活野鸡，野鸡脖子上戴有镶嵌宝石和珍珠的金质项圈。当传令官把这只野鸡呈献给公爵时，这位崇尚骑士精神的公爵做出庄严的宣誓：如果国王，即我的领主，发动十字军，我将跟随前往并与土耳其人作战，除非是重病妨碍我不能战斗。如果国王不能发动这场战争，我将承担这项职责，并为这场远征献出自己的一切。假如土耳其苏丹同意，我将愿意单独与他决斗。这位公爵的宣誓一结束，其余的领主和骑士们应和着夸下海口，进行宣誓，整个会场充满着滑稽的表演气氛。

**"野鸡誓约"仪式。16世纪油画**

据当时目击者记载,公爵的誓言事先写在一张纸上,从衣袋中取出来高声念给大伙听,而其他骑士的誓言和宣誓顺序也都是事先安排好的,他们这样做的目的是为了引起轰动效应,制造影响,以便名垂史册。

15世纪末叶以后,骑士的比武大赛越来越向娱乐、庆典方向发展,为了烘托气氛,组织者们经常根据比赛的进程举办盛大宴会、舞会、哑剧和各样娱乐活动。到16世纪初,比武大赛的铺张和豪华程度达到顶点,已成为欧洲君主们举行大规模社交活动炫富的手段。以往为训练军事技能和培养勇猛精神的比武,此时已变成自我炫耀赏心悦目的华丽游戏,骑士们在这种繁华热闹的场面中,寻求着浮华的虚荣和内心的满足,从而弥补在战场上的落魄和日益失去

1511年2月，英王亨利八世为庆祝儿子在新年出生，在伦敦格林威治宫前举办了一场盛大的比武大赛，震动全欧；画面中心的亨利八世身着重装骑士甲胄，向观众席上他的第一任妻子阿拉贡的凯瑟琳举起长矛致意。Thomas Wriothesley，1511年

的自尊。

  由于骑士制度的种种弊端和骑士行为的不合时宜，文艺复兴时期的人文主义思想家们对骑士展开了讽刺和抨击。阿里奥斯托（1474—1533）在他的喜剧《罗兰的疯狂》中，用讽刺的笔调描写了骑士和贵妇人们种种可笑的思想和行为。在他笔下，罗兰成了只知道追求贵妇人而不顾骑士规则的疯子，为得到贵妇人的爱情，他放弃对查理大帝的忠诚，并最终由于这位贵妇人与一个穆斯林步兵

私奔而发疯。维坦韦乐的讽刺诗《指环》用嘲笑的笔调把骑士的比武大赛与乡村农民的胡闹场面混为一体。农民在乡村草地上举办比武大赛,参加比武的人骑着怀孕的母马、驴和骡子,以筐、碗、桶为头盔,编筐为盾牌,使用的武器是耙子、锄头和连枷。而"美丽"的"贵妇人"则是跛脚、驼背、粗脖子的丑陋乡下女人。比武场面被描写成粗野、放肆的胡闹。塞万提斯在《堂·吉诃德》中大力挪揄、挖苦了骑士过于追求虚荣和不切实际的弱点。堂·吉诃德这位

忧郁的骑士。Paris bordone，1520—1571 年，纽约大都会艺术博物馆藏

面孔瘦削、身材瘦弱的乡村绅士，因为沉迷于骑士文学而走火入魔，思维混乱，并模仿骑士文学中的英雄，游侠冒险，声称要弘扬骑士精神、铲除邪恶、救助贫弱、维护公正。然而，他的一切行为和后果，都令人感到滑稽可笑。

　　文艺复兴时代的人们已经看不惯中世纪的时尚，骑士历时数百年的思想观念及其行为规范显得迂腐和陈旧，从而遭到普遍的蔑视和嘲弄。在文艺复兴的思想潮流中，骑士的形象在人们的心目中已经褪色，这与骑士消亡的步伐相一致。

# 结语

## 骑士制度的历史意义

骑士大体生活于公元 8 世纪前半叶至 17 世纪初叶前后，在近 900 年的时间中，骑士制度历经产生、发展和衰亡的过程。对"骑士制度"的解释，学术界仍未形成多数人的一致结论。我们总结认为：骑士制度是中世纪以军事为核心形成的骑士经济关系、人际关系、行为准则、思想观念等方面内容的综合体系。它涉及西欧中世纪社会的经济、政治、军事、社会、文化等各个方面的内容。

在中世纪西欧，骑士制度的存在对社会各个方面产生了重要影响。骑士制度与庄园经济有密切关系。庄园是采邑的一种实在形式，而采邑又大多是骑士们的领地，庄园作为社会经济生产的基本单位，需要某种力量予以保护，当国家政治处于动荡和分裂状态时，庄园主人自身所拥有的军事力量便成为护卫庄园的有效力量。此外，骑士的存在促进了西欧封建经济的发展，封建经济增长的主要方式之一是扩大耕地面积，耕地面积的扩大与领土扩张连在一起，各级骑士对土地的贪婪欲望促使他们一代又一代不断地向外扩张。法国骑

厨师与骑士。"我是国王的厨师长,来这里要取你的踢马刺作我的赏金;如果你做出任何有悖于骑士规则之事,我会从你的鞋后跟砍下踢马刺。"Sire W. Dugdale,1656 年

士对西班牙地区的战争、德国骑士对东方斯拉夫人领土的侵略,无不与土地有关。在 11 世纪初,法国诺曼骑士进军南部意大利,那里的一些君主常雇用他们打仗,他们中的一些人也从中获得了封地。诺曼骑士豪特维尔是个小庄园主,他有 12 个儿子,光靠家乡的那块土地已不能满足他们的生存需要,这样他的 8 个儿子便去了意大利,在那里他们一步步争得了在家乡无法得到的土地。兄弟 8 人中有一位叫罗伯特·吉斯卡的骑士,在战斗中由于勇敢和富有统率才能逐渐成了诺曼骑士的首领,率领手下人占领了许多庄园和领地。1060 年,他开始率部进攻西西里岛,至 1085 年他去世时,已占领了该岛的大部分土地,并建立了一个新的诺曼封建王国。骑士的军事扩张,推动了封建经济的发展。

童子军训练营招生简章封面上的骑士形象。《骑士精神》插图,1923 年

骑士制度对中世纪王权制度有重要影响。在中世纪西欧,王权一统思想始终存在,但实际的政治状况则使君主们的意图无法实现。查理帝国建立在军事基础之上,采邑分封后形成的骑士集团成为帝国军事和政治的核心力量。与采邑分封连在一起的军事力量成为查理帝国最终分崩离析的隐患。当采邑逐渐变成各等级骑士们的世袭领地后,这些拥有优良装备的军人和他们手下的附庸们很容易与中央政权分庭抗礼。查理大帝死后不久,他的三个孙子为了继承权力,动用武力,把帝国一分为三。随后的法、德、意三国由于骑士制度的存在,仍使君主难以实施真正的集权统治。

骑士制度的存在还影响到西欧的司法制度和欧洲人的法律观念。骑士制度强化了履行义务过程中遵守契约的原则。在骑士与领主订立主从关系之初,双方各自的职责和义务便已明确,骑士在臣服仪式中向领主行效忠礼的同时,已对自己所要遵守的规则、应做的事情、承担的责任、获得的利益等内容了如指掌。与此同时,领主的心中也很清楚对附庸应提供怎样的经济资助和人身安全方面的保护。主从之间各自的权利和义务非常明确,他们知道自己应该和必须做什么,不应该和不能做什么;履行义务应获得怎样的利益和权利,不履行义务会受到什么样的惩罚等。这种

结语

明确各自责、权、利的契约，对他们的具体行为具有法律上的约束作用，他们的行为可寻求法律的裁判。这项原则也引发了相应的规则，即不经本人同意，任何新的法律和负担都不能强加到封地所有者的身上。尽管在中世纪现实生活中，这种原则经常遭到破坏，领主随意增加骑士负担的现象时有发生，但总体来看，这种原则一直得到坚持，并且持续到近现代，即"任何赋税不经纳税人同意，都是非法的，任何人都无须服从未经本人同意的法律"。中世纪依据契约而行事的原则，由于骑士较高的社会地位而形成广泛的影响，对强化人们的法律意识、形成遵守法律的习惯起到重要作用；此外，骑士在一定范围内推动了法律执行过程中的平等原则，骑士自身的军人身份，使他们有可能用武力作为维护权利的最终手段，在法律审判和执行过程中，上层领主，特别是君主很容易违背契约，但是，由于存在使用武力维护各自权利的可能，促使人们朝着共同遵守法律的方向发展。英国大宪章的制定以及对国王权力的限定，是中世纪以骑士为代表的贵族阶层争取法律平等权利要求的体现。把法律作为统治的手段，而不愿把它作为约束自己的工具，是东西方统治者们的共性。但是，在西方，由于骑士以及骑士制度等社会条件的存在，促使社会朝着重视订立契约并共同遵守和执行契约的方向发展。

  骑士制度的存在对西欧封建社会秩序的维系起到了重要作用。统治阶级和被统治阶级间的和平关系是社会秩序稳定的关键，阶级矛盾冲突则是社会秩序的最大威胁，骑士制度对阶级矛盾所引发的暴力冲突能起到有效的抑制作用。西欧中世纪农民和领主的矛盾始终存在，但是，在14世纪以前，欧洲几乎没有爆发过较大规模和有一定影响的农民起义。法国的扎克起义、英国的瓦特·泰勒起义都

圆桌聚谈仍是近代以来绅士和上层社会成员议事的一种方式。Maclise

发生在14世纪中叶以后,捷克的农民战争爆发于15世纪初,而德国的大规模农民战争则是15世纪末和16世纪的事情。骑士曾是西欧中世纪装备最精良、战斗力最强的职业军人,而农民起义军没受过专门训练,武器装备又极为简陋,根本无法在军事上与之抗衡。骑士与农民在军事力量方面的悬殊差距,不仅表现在装备的精良和简陋、职业军队与非职业军队的差别上,还表现在骑兵对步兵作战能力的绝对优势上,双方力量的悬殊差距是农民起义难以形成规模的重要原因。到14世纪初叶,随着新型步兵军队的出现,以及武器的改进,骑士在战场上的作战能力越来越弱,而步兵的主要来源又是普通的农民。新型步兵的军事作战能力逐渐优于骑士军队是农民起义能够形成一定规模的重要原因。

骑士制度使西欧中世纪的政治充满军事色彩,也使中世纪社会的战争异常频繁。骑士制度的产生基于一种军事需要,它建立在采

结语

温莎 Albert 王子纪念堂墓碑上的骑士雕像。1864—1873 年

邑分封为主的经济基础之上,以土地为主的采邑既是骑士的经济来源,又是他们行使司法和行政权力的领地,军事义务与他们的利益及特权捆绑在一起,形成集经济、政治和军事于一体的社会结构。采邑的层层分封,构成自君主而下的军事组织关系,同时也形成从中央到地方的司法行政体系,使国家的经济和政权机构的主体与军队和军人融为一体,形成应对和发动战争的即时反应机制。作为军人的骑士成了国家的脊梁和支柱,国家的政治具有明显的军事特征。获得采邑成为骑士者居于社会上层,形成相对独立的社会集团以及相应的价值观念。骑士作为军事精英,他们的价值观念与军事行为紧密联系在一起,作战的勇敢和履行义务的忠诚,是他们荣誉观的重要内容。骑士价值的体现和荣誉的获得,只有通过战争和军事行

1839 年，在苏格兰北艾尔郡的伊格林顿城堡举行了一场声势浩大、别开生面的比武大赛，这场比武大赛由伊格林顿伯爵阿奇博尔德资助和组织，欧洲许多王公贵族出席，其中包括路易·拿破仑亲王，未来的法国皇帝。在骑士的时代已经消逝、比武大赛早已成为历史的 19 世纪，欧洲的新老贵族们聚在一起，一本正经地还原中世纪比武大赛的诸种环节，表达对于一种消逝了的荣耀的追念、一种光辉传统的追慕。James Henry Nixon，1839 年

为方能实现。战争是他们的实际需要，并能给他们带来物质和精神的满足。由于骑士特殊的地位和职责，他们在许多方面引导着社会潮流。骑士的行为和价值观往往成为其他世俗阶层成员仿效的榜样。骑士的英雄形象和尚武传统受到后人的尊崇和追随。今天西方文化中的"英雄"形象，仍显露着骑士精神的影响。

12 世纪，当西方文化和教育再度繁荣期间，人们把学术与骑士制度相提并论，并把两者视为同样高尚和荣耀的事物。《马歇尔·布西科著作集》中写道："上帝在世上奠定了两样事物，如同支撑上帝与人间法则的两根柱子……失去它们，这个世界将混乱不堪，了

詹姆斯·阿彻的《亚瑟王之死》反映了维多利亚时代对骑士精神的追求和理想化

无秩序……这两根完美无瑕的柱子就是骑士制度和学术，二者完美地结合起来。"菲利普·德·维特里在《百合花铁盔》中，把学术、信仰、骑士精神比喻为三朵鲜花，骑士还是护花使者，有保护另外二者的职责。由于学术与骑士制度的密切关系，在中世纪以后的很长一段时间里，骑士头衔和博士学位被广泛认为是等值的。骑士和博士均被看做是尊贵的高等职责的承担者。一个人获得骑士头衔，意味着他的行为达到了理想的标准；一个人获得博士学位，意味着他的学识达到了优越的境界。此二者一个是英雄，一个是贤哲，都应得到世人的尊崇。

骑士制度对西方文化的影响是多方面的。骑士形成了自己的文化，骑士文学是其中重要部分。骑士文学不仅有武功歌、抒情诗、传奇小说等新的文学形式，还形成了新的文学风格。骑士无所畏惧、

苏塞克斯的帕海姆盔甲大厅

勇于冒险的精神构成骑士文学不朽的主题，并对欧洲后来的思想和文化产生了深远影响。在文艺复兴时期，骑士文学中的核心内容尽管遭到人文主义者们的讽刺和嘲笑，但仍有人对其予以歌颂和发扬。随着17世纪法国古典主义运动兴起，骑士制度以及骑士文学再度成为文化热点。在18世纪的欧洲文坛上，反映中世纪骑士生活的文学创作十分活跃。赫德在1762年所编写的《关于骑士制度和浪漫文学的信函》，是古老骑士文学复兴的开端。随后，以中世纪骑士为题材的作品纷纷出现。到19世纪，英国作家司各特爵士对弘扬中世纪骑士文学做出了突出贡献，他创作于1819年的《艾凡赫》用文学手法重新构造了中世纪城堡中的世界，描绘了游侠骑士们的历险活动，热情歌颂了骑士精神。英国著名诗人坦尼森亦为弘扬骑士精神做出了突出贡献。

骑士文化中所倡导的保护弱者、勇于冒险、尊重女性、信守诺言、遵守规则、慷慨大度等内容，直到今天仍被西方人视为高尚的道德标准。骑士的思想文化不仅推动了欧洲文化的发展，更重要的是推动了欧洲文明的进程。当然，我们应该看到，骑士观念中崇尚武功的内容，也给后来的欧洲和整个世界带来了极大的负面影响。

骑士制度使西欧中世纪社会具有明显的军事特征，这与我国以文人士大夫为基础的古代社会形成鲜明对照，中、西方历史发展途径和文化内涵的诸多差异，或许能从骑士制度与中国士大夫制度的比较中得到解释。

## 以骑士制度反观我们的文化

骑士的存在对西欧中世纪社会和历史产生了重要影响。通过考察骑士和骑士制度，我们既能认识和理解西方历史的一些基本特征，又能为审视我们自身的历史提供一种视角和参照。

西欧社会连贯的政治史是从西罗马帝国灭亡后开始的，如果把"民族大迁徙"视为整个欧亚大陆北方落后民族向南部文明程度较高的农耕社会进犯过程的组成部分，那么，在后来的历史中，中国和西欧的政治史呈现出迥然不同的演进轨迹。

从公元4世纪开始，中国和西欧均有北方落后民族向文明程度较高的南部进犯的现象。在中国，北方各少数民族入侵中原的现象从未中断，其结果或攻城略地，占据半壁江山；或彻底占领，改朝换代。在西欧，自"民族大迁徙"以来，只经历过这一次落后民族的大肆入侵和政治断裂，尽管过程历时数百年，但在随后的历史中，西欧社会的发展几乎是伴随着对外战争、侵略和殖民活动进行的。

410年,西哥特人攻陷罗马,祭祀的圣物被搬运到教堂,以免被劫掠。15世纪手稿画

在1431年的拉希格鲁埃拉战役中,西班牙骑士和摩尔轻骑兵(jinetes)激战

在中国，北部草原一波又一波的游牧民族对中原政权反复进行冲击或捣毁，直到 17 世纪中叶，英国已经开始了具有划时代意义的资产阶级革命，而中国又再一次遭受满族人的大举进犯。东西方历史走势如此不同，原因有多方面，而各自社会的内部结构及其性质值得注意。

日耳曼人是崇尚武力的民族，这点我们在前面的内容中已有所介绍，日耳曼崇尚的是"能用流血得到的，决不用流汗获得"。法兰克人入主西罗马帝国境内，经历了由小到大、由弱到强的过程，而这一过程是靠军事行动完成的，正如西方某史学家所言："欧洲的版图是在战争的铁砧上锤出来的。"通过战争煅造出来的社会，内部具有铁一样坚硬的军事构造。武力成为国家发展壮大的核心力量，世俗社会的其他功能几乎都围绕这一力量形成。如果从公元 4 世纪算起，到 10 世纪西欧内部大规模的战争暂告一段落，在这段漫长的战乱中，西欧社会经过战争的千锤百炼，逐渐从混乱走向有序，走向对外扩张。

法兰克人在西欧政治舞台上的脱颖而出，充分体现了他们军事力量的强大和军事策略的略胜一筹，他们政权的稳固和版图的扩张无不倚仗军事，他们除了军事似乎对其他方面都不太懂也不感兴趣。战乱的环境更促进他们加强军事力量，军事建设是任何一个杰出的统治者必须重视的头等大事。以采邑分封为条件的骑士军队建设，使西欧社会结构开始发生具有长远意义的深刻变化。法兰克人最初的原始平等关系被彻底打破，无力和无能成为骑士的成员大多转变为以务农为生的劳动者，而骑士凭借军事上的优势地位成为职业军人，而且其中许多人执掌国家各级政权，成为政权机构的脊梁。社会大体形成由三部分人组成的格局，即从事生产劳动的农民、从事

"请问,我可以见首相吗?"近现代西方依照骑士规则建立的"童子军"对青少年的教育起到重要作用。E.M.Green《小军事骑士》插图,1910年

圣职的神职人员、从事军事活动的骑士。他们之间存在着明显界线,特别是农民与骑士之间的界线通常难以逾越。骑士成为世俗社会的主导,而国家的政权体系则由此具有明显的军事特征,政治权力带有强劲的军事功能,国家的发展充满军事色彩,整个社会的世俗观念受到军人观念的支配。

在古代中国,每当北方入侵的少数民族在中原建立稳固的政权统治后,辽阔的领土、众多的人口、深厚的文化底蕴,会使入侵的统治者们不得不逐渐放弃以往马背上的简单原始的统治政策,他们要努力学习和掌握汉民族文化,以便于统治众多的人口,稳定辽阔的疆土。掌握以儒家思想为核心的文化使君主感到自己更加尊贵和优越，也便于引导民众的道德和行为，有利于君主实施专制统治。在自觉或不自觉地接受汉民族文化的同时，最初尚武的精神逐步削弱，文人成为政权机构的主体。总体看来，中国古代政权结构的主体主要是崇文的文人士大夫，文人有着与军人截然不同的行为规范和处世哲学，国家的政治制度及其政策由此而具有鲜明的文人色彩。

军人政治与文人政治所形成的迥然不同的思维模式和文化传统，对各自国家的政治机制建设和未来走向产生深刻影响。在西方各国，发展军事历来受到统治者的高度重视，军事思想发展、军队建设、武器研发是任何一位统治者不可掉以轻心的要务。因此，自中世纪末期以来，西方在军队建设和武器研制方面几乎一直引领着世界潮流，这并非是单纯经济发展作用的结果，没有崇尚武力的传统，没有重视军事的观念，做到这些几乎是不可能的。从公元11世纪末到第二次世界大战，西欧各国一直没有停止大力发展军事的步伐，其目的十分明确，就是要时刻准备战争，随时发动战争，从而获得更大的经济、政治和文化利益。

在西欧，军事力量强大不仅能保证自身的安全，还能带来多方面的好处，因此，军事将领和军人在政治生活中占据很高地位，也受到最高统治者的重视。而在中国，自秦朝以后，皇帝一旦坐稳江山，以往与他出生入死打下江山的军事功臣们便成为他心头的隐患，必欲除之而后快。"杯酒释兵权"的故事，讲的不仅是品性较为高尚的皇帝与明智的军事将领之间和和气气、各得其所的佳话，也道出了在中国军人通常不过是皇帝手中维护个人权力和地位的工具，他们难以摆脱"走狗"和"良弓"的灰暗命运。

在中国古代，军事将领的地位通常都低于文官，而且有些著名武将的命运非常悲惨，普通士兵就更不受重视，士兵的来源大多为

Sir Joseph Noel Paton《我不知道戴它的是谁》。1867 年

贫困者、流浪汉、少数民族甚至地痞无赖。雷海宗先生曾尖锐地揭示出中国历史的这种现象，并称之为"无兵"的文化。在轻视军人、"好人不当兵"的表象背后，蕴藏着复杂的文化原因。

中国古代的另一种普遍现象是，历代王朝在稳定统治之后，在军事上多取中庸、和谐、安抚政策。这也与文人士大夫成为政权支柱致使政权体系中的军事功能退化有关。平心而论，中国历史上疆域的开拓、版图的扩大，在很大程度是深厚的中华文化对入主和进犯中原的各少数民族及其原属地文化的同化的结果,而不能被简单地理解为是汉民族军事扩张的结果。在国家军事力量衰弱,特别是到王朝的中后期几乎难以调动有效兵力发动大规模战争的情况下,联姻、赏赐财物、封官许愿(到近代的割地、赔款)等"慷慨"的"怀柔"政策往往成为求得和平的重要手段。因而,如果把中国历史上所形成的辽阔版图一概理解为是动用武力征伐的结果,并不完全切合实际。倘若我们为国土的辽阔而感到自豪,不应将之归功于我们汉族祖先崇尚武功和英勇善战的阳刚力量,而更多应归功于我们传统文化的博大精深所具有的涵化功夫。

国内把西欧中世纪的骑士制度与中国古代士大夫制度进行比较,是学术界至今仍没有认真对待的问题,两者乍看起来似乎风马牛不相及,少有可比性。实际上,把中国古代的士人与西方中世纪的骑士进行比较,不仅可更清楚地认识骑士制度的各种特点,还有利于对我国历史与文化的进一步认识。西方的骑士与中国的士人都长期、集中地体现了各自社会的诸多特征,他们在各自社会中所处的地位都属于中上层,许多人在国家政权机构中举足轻重,对社会道德、观念、行为有着极大的影响力。

由于历史条件不同,东西方古代各自历史有着极大的文化差异。基于经济、政治、军事、民族、文化等多方面条件,西欧演化出以骑士为政治核心的社会,而中国则出现文人士大夫政治。他们在各自社会中的行为和观念,包括进取和得势的途径,得势和失势的心态以及行为,追求利益的目标和手段等都存在着极为明显的不同,而这些又都反映并作用于社会生活的各个方面,经济制度、政治体制、军事建制、生活方式、文化内容、风俗习惯等无不受其影响,并且,有些方面影响深远,成为各自民族根深蒂固的传统。西方社会以军人观念为核心形成了崇尚英雄主义、冒险精神，崇尚武功和罗曼蒂克的精神气质；而中国则以文人观念为基础形成了足智多谋、老于城府、中庸平和、韬光养晦的处世和从政风格。对二者的差异暂且不宜用谁是谁非、孰优孰劣做简单评判，还有待进一步的细致考察和分析。

# 参考文献

## 一、西文书目

1. Barnhouse, R., ed., *The Book of the Knight of the Tower: Manners for Young Medieval Women*, New York: Palgrave Macmillan, 2006.
2. Barber, R. ,*The Reign of Chivalry,* Woodbridge: The Boydell Press, 2005.
3. Barber, R., *The Knight and Chivalry*, Totowa, N.J.: Rowman and Littlefleld, 1975.
4. Batt, C., *Malry's Morte Darthur: Remaking Arthurian Tradition,* New York: Palgrave, 2002.
5. Batty, John, *The Spirit and Influence of Chivalry*, London: Kegan Paul, 2004.
6. Buehr, W., *Knights and Castles and Feudal Life*, New York: G.P. Putnam's, 1957.
7. Byles, Alfred T. P., *The Book of the Order of Chivalry*, London: Kegan Paul, 2004.
8. Christin de Pizan, *The Book of Deeds of Arms and of Chivalry*, Philadelphia: Pennsylvania State University Press, 1999.
9. Christine de Pizan, *The Book of Deeds of Arms and of Chivalry*, Philadelphia: Pennsylvania State University Press, 1999.
10. Duby, G., *The Chivalrous Society*, London: Edward Arnold Ltd., 1977.
11. Gautier, L., *Chivalry*, New York: Barnes & Noble, Inc.,1968.
12. Lull, R., *Book of Knighthood and the Anonymous Ordene de Chevalerie*, trans. William Caxton, Union City, California: Chivalrybookshelf Company, 2001.
13. Keen, M. *Chivalry*, New Haven, London: Yale University Press, 1984.
14. Norman, A.V. B., *The Medieval Soldier*, New York: Thomas Y. Crowell Company, 1971.
15. Painter, S., *French Chivalry*, Baltimore: The Johns Hopkins Press, 1940.
16. Paterson, L. M., *The World of the Troubadours*, Cambridge: Cambridge University Press, 1998.
17. Power, E., *Medieval Women*, Cambridge: Cambridge University Press,1997.
18. Prestage, E., *Chivalry*, London, New York: Kegan Paul, 2004.
19. Rhys, J., *Studies in the Arthurian Legend*, Whitefish, MT: Kessinger Publishing Co., 2004.
20. Rudorff, R., *Knight and the Age of Chivalry*, New York: The Viking Press, 1974.
21. Saul, Nigel, *Chivalry in Medieval England*, Cambridge, Massachusetts: Harvard

University Press, 2011.

22. Sidnell, P., *Warhorse: Caval in Ancient Warfare,* New York: Hambledon Continuum, 2006.

23. Verbruggen, J. F., *The Art of Warfare in Western Europe During the Middle Ages,* New York: North-Holland Publishing Company, 1979.

## 二、中文书目

1. 约翰·巴克勒等:《西方社会史》,霍文利等译,广西师范大学出版社 2005 年版。

2. 迈克尔·卡米尔:《中世纪爱的艺术——欲望的客体与主体》,刘日明译,广西师范大学出版社 2005 年版。

3. 朱迪斯·M. 本内特、C. 沃伦·霍利斯特:《欧洲中世纪史》,杨宁、李韵译,上海社会科学院出版社 2007 年版。

4. 让-皮埃尔·里乌等主编:《法国文化史》(第一卷),杨剑译,华东师范大学出版社 2006 年版。

# 出版后记

2003年4、5月间,正是北大出版社"人文社会科学是什么丛书"热销阶段,一位著名的大学社社长问我,现在你最想做的书是什么?当时,我毫不犹豫地回答道:"历史系列丛书。"这位社长眼睛一亮,然后又接着问我,"你能告诉我为什么吗?"我几乎不假思索地说:"历史大部分是人物,是事件,可以说历史就是故事(内在地说,历史就是人生),所以历史系列丛书具有天然的大众性。另一方面,同个人要进步、要发展一定要吸取自己走过的路的经验教训,同时要借鉴他人的经验教训一样,我们的民族要进步,国家要发展一定要反省自己的历史,一定要睁眼看世界;消除我们封闭的民族心理和缺乏自省的国民性,有赖于读史。"记得当时他赞同地点了点头。

北大出版社年轻的一代领导者,摒弃急功近利的短期行为,以出版家的眼光和文化担当意识,于2005年决定成立综合室,于学术著作、教材出版之外,确定学术普及的出版新路向,以期在新时期文化建设中尽北大出版人的一点力量。这样,我的这个想法有了实现的可能性。但是新的问题又来了。其时,社长任命我为综合室的主任,制定综合室的市场战略、十年规划、规章制度,带队伍,日